誰でもチームをゴールに導ける!

プロジェクトリーダー実践教本

日本プロジェクトソリューションズ株式会社
代表取締役社長
伊藤大輔

PROJECT LEADER

日本実業出版社

はじめに

プロジェクトとは、独自の目標を設定し、期限までに達成させる一連の活動です。このプロジェクトを「やりくり」するプロジェクトマネジメントの知識や技術、能力が現代の企業や組織で求められています。

著書の『担当になったら知っておきたい「プロジェクトマネジメント」実践講座』（日本実業出版社）では、主にプロジェクトマネジメントの知識や技術を分かりやすくお伝えし、多くの皆様にお読みいただきました。本書では「能力」の部分を重点的に、その中でも最も重要な「リーダーシップ」に焦点をあてて、分かりやすくお伝えしていきます。

本書で扱う「リーダー」とは、プロジェクトマネジャーだけではなく、プロジェクトの一部であるワークパッケージ（要素成果物）やアクティビティ（活動）のリードを任された方も対象としています。

この本を手にとっていただいた皆様の中には、プロジェクトの全体または一部でリーダーを担っている方、もしくはこれから担う方、リーダーを育成したいという方で何かしらの課題を解決したいと悩まれている方が多いと思います。私も、最初にリーダーを任された時、より大きなプロジェクトを任された時、次のリーダーを育成する時など、プレッシャーに押しつぶされそうになり、悩みながらも、多くを学び実践し経験を積んできました。しかし、この悩みの中に、ポジティブな要素があります。

それは、皆様はリーダーとして、そしてリーダー育成者として期待されているということです。期待していない人に会社や組織はリーダーやリーダー育成を任せません。ぜひ、自分は期待されていると自信を持ってください。そしてスキルアップ、キャリアアップのスタートラインに立っている素晴らしい時であると考えてください。

リーダーの悩みを解決し、皆様がさらなる成長と成功を実現するために、本書では多様な学術的内容や実際の経験、多様な例をもとにお伝えしていきます。

第1章では「誰でも結果を出すリーダーになれること」、第2章では「リーダーがゴールにこだわることの重要性」、第3章では「リーダーの特徴を出すことの重要性」、第4章では「プロジェクトチームのコミュニケーションを高める方法」の順番で、**「プロジェクトの立上げ→計画→実行」**のプロセス順にリーダーとして重要となるポイントを説明します。

皆様のリーダーとしての成長を応援するために、本書で紹介したツール類を読者特典として無料でダウンロードしていただけるようにしました。「ＪＰＳブックス」（https://www.japan-project-solutions.com/jps-books）と検索し、専用ＷＥＢサイトからツール類をダウンロードしご活用ください。本書で学んだことを、皆様の業務で即実践いただけます。

本書は、個人の皆様のスキルアップやキャリアアップに活用できるだけではなく、教育研修の教材としてもご利用いただけます。企業や組織の教育研修の担当者や、リーダー育成担当者の皆様におかれましては、本書を自社・自組織のリーダー育成にご利用いただければ幸いです。

本書を通じて、皆様の「リーダー」の考え方が大きく変わることでしょう。その変革こそが、皆様のリーダーとしての成長と成功の第一歩になるのです。

目次

PROJECT LEADER／

第2章 プロジェクトのリーダーは最後まで「ゴール」にこだわる

PROJECT LEADER

第3章 ゴールに向かう「過程」でプロジェクトリーダーの特徴を出そう！

PROJECT LEADER

第4章

プロジェクトにおけるコミュニケーション力を高める方法

カバーデザイン■萩原睦（志岐デザイン事務所）
本文デザイン・ＤＴＰ■初見弘一（ＴＦＨ）
編集協力■上田里恵

PROJECT LEADER

第1章

プロジェクトでは誰もが結果を出すリーダーになれる！

PROJECT LEADER

01 リーダーになるためには「基本計画書」が不可欠

「チームリーダーに任命されたけど不安だな……」
「どうもリーダー役は苦手なんだよね」

そう感じているリーダー候補の方に、最初に申し上げておきます。

誰でもリーダーになれます。

例えばあなたが東南アジアに詳しかったとしましょう。友人と「みんなで東南アジアに旅行に行こう！」と話が盛り上がったら、みんなは「おすすめの場所は？」「どういうルートがいいか？」などと、あなたにいろいろと相談するはずです。もしくは、あなたが率先して旅行計画を立てるかもしれません。

たとえ東南アジアの知識がなくても、友人と東南アジア旅行に行きたければ、あなたは旅行雑誌を見て知識を得るなり、旅行代理店と調整するなりして旅行計画をリードするはずです。旅行だけではありません。ゲームソフトを買う、料理をつくる、パーティーを開催する、車を買う、家を建てる……。どんな場面でも、知識や技術がある、もしくはそれをやりたいと思うことで誰もがリーダーシップをとっているのです。

ではなぜ、仕事になるとそれができなくなってしまうのでしょうか。

私は今まで、研修を通して４５００名以上のプロジェクトリーダーを育成してきました。会社や組織の中で選ばれた方、もしくは自ら手を挙げられた方です。

しかし対話をしてみると、「私なんてリーダーの素質がない」、「リーダーになりたいけれど、現場でリーダーシップを取れない」と打ち明けられます。一方、上司や経営者からみると、「〇〇（参加者の名前）はリーダーの素質があるのにリーダーシップを発揮してくれない」という悩みがあるようです。

この悩みに結論から申し上げると、**「リーダーになれない」のではなく「リーダーになろうとしていない」のです。**

「リーダーになろうとしていない」というのは特定の誰かが悪いわけではありません。「リーダーを任命する人」と「リーダーを期待されている人」のボタンの掛け違いや、意識の齟齬《そご》があるためです。まずはこれらを解決し、**「リーダーになれない」と思ってしまう障害を取り除く必要があります。**

■なぜリーダーになるのか、最重要課題に目を向ける

よくリーダー候補者から「給料は同じなのに責任だけ増えた。モチベーションが上がらない」という不平を聞きます。私も会社員だった時、最初はそう感じました。ただ、冷静に考えると、リーダーに任命された時から給与が上がるというのは少々おかしな話です。なぜなら、リーダーに任命された時点では何の成果も出していないからです。

ビジネスシーンでは、先払いというケースは、ほぼないでしょう。海外企業のグローバルプロジェクトでは、責任の大きさの対価を決めてからスタートすることもありますが、私のさまざまなグローバルプロジェクトの経験からすると、責任を全うしなければ途中で契約打ち切りや支払いの減額、解任などがあります。つまり成果という価値を提供してはじめて、対価はついてくるものです。

では、「リーダーになると人間関係が大変で……」という声はどうでしょう。確かに人間

関係の調整は、リーダーとして苦労する要素のひとつではあります。

さて、ここからが重要なのですが、最初のリーダー候補者の意識は「責任」と「給与」に集中しており、２番目の候補者の意識は、「人間関係」に絞られています。

どちらも、**リーダーになることの重要な部分、「何のためにリーダーを期待されているのか」「なぜリーダーシップを取る必要があるのか」**が抜けてしまっています。

リーダー候補者は「責任」「給与」「人間関係」「時間の制約」「権限」「ステークホルダー」「リスク」「コスト」など、さまざまな悩みで頭がいっぱいになっているかもしれません。しかし、それを解決するのが、リーダーになる目的を明確にする「リーダーとしての５Ｗ１Ｈ」です。

リーダーとしての５Ｗ１Ｈとは、What（何に）、Why（なぜ）、When（いつ）、Where（どこで）、Whom（誰に）、How（どうやって）です。後ほど詳しく説明します。

次に上司や会社経営者の課題に目を向けましょう。

「○○（参加者の名前）はリーダーの素質があるのにリーダーシップを発揮してくれない」という声を紹介しましたが、この場合も、「リーダーとしての５Ｗ１Ｈ」を、明確化できる基礎情報を伝えていないから起こるボタンの掛け違いです。何のプロジェクトなのか、なぜそのプロジェクトや仕事をするのかといった説明はしているでしょうが、大切なのは「その人がリーダーになる意義」なのです。

■5W1Hは、リーダーになるための基本設計書

ここでひとつ質問です。

プロジェクトでは、要求事項を満たす成果物を期日までに納品するための計画書を作りますが、リーダーシップを発揮するための計画を事前に作ったことはありますか?

おそらくほとんどの方がないと答えるでしょう。そうなんです。「リーダーシップを発揮するための計画書」という概念はあまりありません。というのも、本人のコンピテンシー(能力や行動特性)として捉えることが多いからです。

しかし、本当にそれでよいのでしょうか。目標達成のためにはリーダーシップはとても重要な要素になることはいうまでもありません。**そのリーダーシップを戦略的に発揮するための計画を事前に持つという概念は、最重要課題**ではないでしょうか。計画もなくリーダーシップを発揮するというのは、「突然航空チケットを渡されて飛行機に乗り、着いたのが全く知らない土地で、さあ今から自由に旅行してください」、と言われているようなものです。

リーダーとしての５Ｗ１Ｈは、「リーダーシップを発揮する基本的な計画書」としても捉えることができます。

もう一度申し上げると、これらの意識の齟齬やボタンの掛け違いは、特定の誰かが悪いというわけではありません。経営者も上司もリーダー候補者も、リーダーシップを発揮するための入り口がわからなかっただけです。さらに多くのリーダーシップ教育は、リーダーシップの「手法」や「能力」に特化していて、リーダーとしての入り口について説明するものがほとんどなかったためです。

次から、**「リーダーシップを発揮する基本計画書」といえる５Ｗ１Ｈ**について、詳しく説明していきます。

POINT

上司や経営者は「リーダーに任命する意図」を説明し、リーダー候補者は「リーダーになる意義」を考える。

PROJECT LEADER

02

リーダーとしての「5W1H」を持てば、誰もがリーダーになれる

リーダーとしての5W1Hとは何でしょうか。

それは改めて述べると、**What**（何に）、**Why**（なぜ）、**When**（いつ）、**Where**（どこで）、**Whom**（誰に）、**How**（どうやって）です。

この5W1Hを明確化する前に、3つの注意事項を挙げておきます。

1つ目は、**あくまでも「リーダーシップ」に特化して策定する**ことです。プロジェクト憲章のようにプロジェクトに対して設定するものではありません。

2つ目は、**会社や組織、チームメンバーを考えて策定する**こと。リーダーをしていると、厳しい局面に立たされることもあります。そういった状況に直面してもあきらめずに打開し、リーダーシップを発揮していくためには、利己の観点よりも利他の観点こそ必要となるからです。

プロジェクトにはさまざまな立場の人が関わる

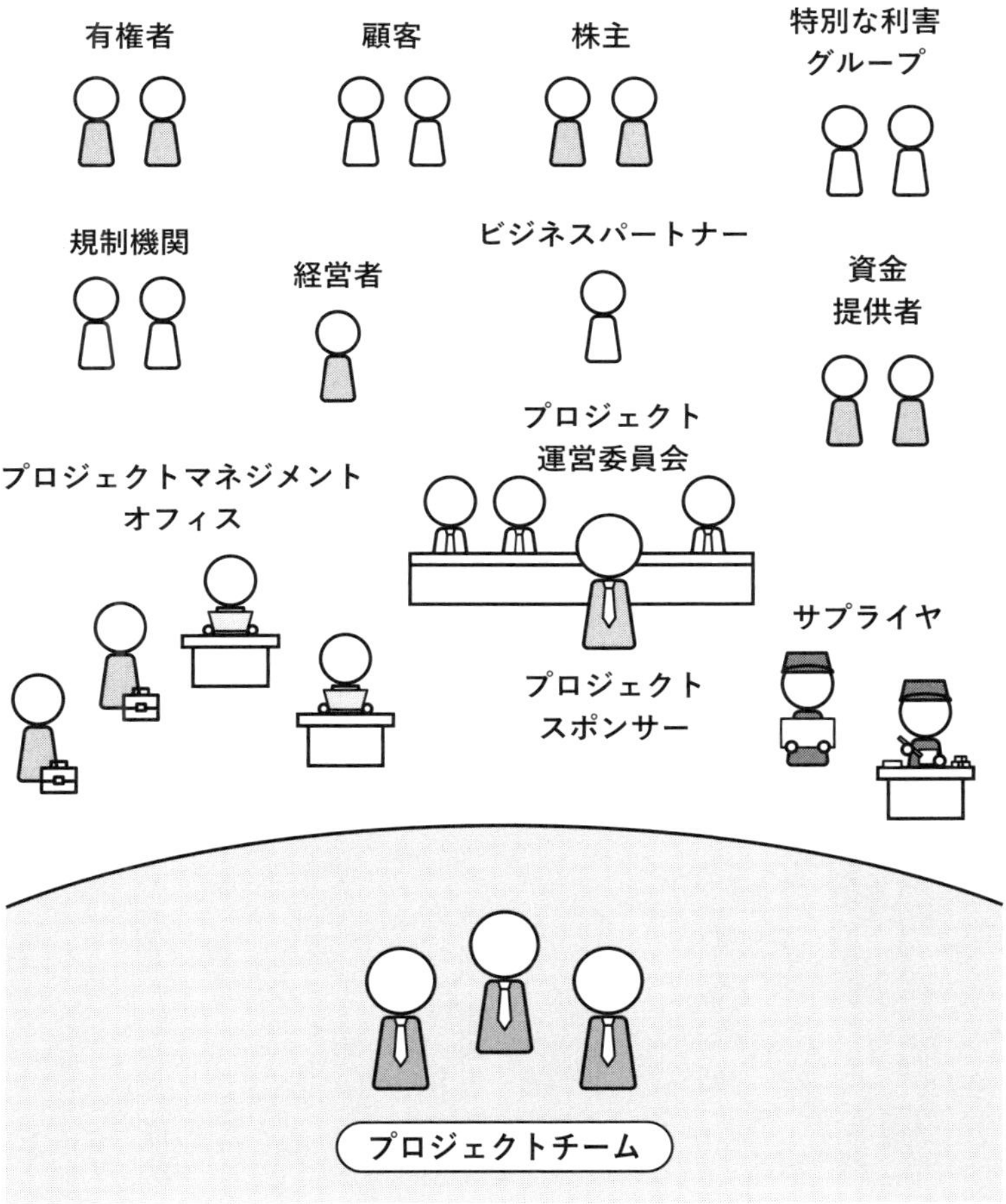

例えば、こういう状況を想像してみてください。

家族のために夕食を作るため、スーパーマーケットに買い出しに行こうとしています。ちょうどその時、雨が降ってきてしまい、出かけるのが億劫になりました。自分の一人分であれば、「残り物でいいか」と考えるかもしれません。しかし、子どもに新鮮で栄養あるものを摂らせたい、笑顔で作りたてのおいしい食事を囲みたい、と思えば、雨の中でも、外出する気力が湧くのではないでしょうか。

プロジェクトリーダーも同じで、**自分のことだけを考えるリーダーシップと、会社や組織の利益、またメンバーの働き方などを考えて発揮されるリーダーシップでは、生み出される価値が大きく変わります。**

そもそもプロジェクトは、その規模が大きくなればなるほど、一人の能力や技術では目標を達成できません。プロジェクトメンバーはもとより、プロジェクトスポンサー、顧客などに対してプロジェクト参加への便益も図る必要があります。上司や会社経営者も、プロジェクトをとりまくあらゆる情報をリーダーに提供し、サポートすることが求められます。

3つ目は、**明文化すること。つまり紙に書き明示する必要があります。**もちろん、業種、業態、プロジェクト内容、リーダーの価値観、経験、技術、知識などに沿って独自に設定して構いません。明文化することにより、「リーダーシップをとらなければならない理由」を明確にできたり、プロジェクトや仕事が終了した時に自分のリーダーシップの良かった点、改善点などを教訓として振り返ったりすることができるのです。

■５Ｗ１Ｈは具体的にイメージしてこそ意味がある

では、５Ｗ１Ｈについて具体的に考えていきましょう。

▼What（何に）：何に対してリーダーシップを発揮するのか

簡単に記載してしまうと「○○プロジェクトの成功のためにリーダーシップを発揮する」ということですが、もう一歩踏み込みましょう。

「○○プロジェクトの成功」のためには何が必要でしょうか。「スケジュール管理」でしょうか。「リスク管理」でしょうか。それとも「ステークホルダー（利害関係者）マネジメント」なのか、「コスト管理」、「プロジェクトチームメンバーの育成」、「サプライヤのマネジメント」なのか。

プロジェクトの成功といっても、**何の要素に対してリーダーシップを発揮するかをより明確にすることが大切です。**

もうひとつの切り口として、「○○プロジェクトの成功」のために間接的に何が必要かも考えましょう。「チームメンバーのモチベーション」でしょうか。「執務室の環境整備」でしょうか。または「チームメンバーのさらなるレベルアップを通じた喜び」「サプライヤとのより良い関係構築」でしょうか。

これらはあくまでも一例ですが、「何に」対してリーダーシップを発揮するのかを自ら考え、明文化しましょう。

▼Why（なぜ）：なぜリーダーシップを発揮するのか

先ほど記載いただいたWhatをなぜやる必要があるのかを記載します。

例えばプロジェクトを成功に導くための要素として「スケジュール管理」にリーダーシップを発揮するのはなぜでしょうか。「スケジュール遅延によりコストが増加する」からでしょうか。もしくは「スケジュール遅延によりチームメンバーが苦しんでしまう」からでしょうか。

また、プロジェクトを成功に導くために、間接的に「チームメンバーのさらなるレベルアップを通じた喜び」にリーダーシップを発揮するのはなぜでしょうか。「次世代のリーダー輩出」のためでしょうか。「今後のプロジェクトのためにチームのレベルと能力を高める」

ためでしょうか。「自らのリーダーとしての信頼を高めるため」でしょうか。「なぜ」リーダーシップを発揮するのかを自ら考え、想像しながら明文化します。

▼When（いつ）：いつリーダーシップを発揮するのか

Whatで定義したリードを「いつ」実行するのかを明確にします。リーダーは日々いろいろなことで忙しいですから、より効率的なリードの仕方を考えなければなりません。

例えば「サプライヤとのより良い関係構築」でしたら、週に1回なのか毎日なのか、「スケジュール管理」は、毎日なのか、それとも毎週水曜日と金曜日なのか、「チームメンバーのさらなるレベルアップを通じた喜び」であれば、常時なのか、毎日なのか、毎週なのか。「いつ」リーダーシップを発揮するのかを自ら考え、想像し明文化しましょう。

▼Where（どこで）：どこでリーダーシップを発揮するのか

Whatで定義したリードを「どこで」主に実行するのかを明確にします。例えば「リスク管理」でしたら、「定例会」で発揮するのでしょうか、「現場」で随時発揮するのでしょうか。「チームメンバーのモチベーション」は、「個別のフィードバック会議」でしょうか。それとも「定期的なパーティーや飲み会」、「表彰の場」などでしょうか。

「どこで」リーダーシップを発揮するのかを自ら考え、想像し明文化します。

▼Whom（誰に）：誰に対してリーダーシップを発揮するのか

リーダーはチームメンバーのみに対してリーダーシップをとるというイメージがありますが、現実はそうとも限りません。リーダーはあらゆるステークホルダーと関わっていきます（17ページ参照）。

例えば、上司や経営者をリードする必要があります。というのも、ほとんどのプロジェクトでは、上司や経営者、プロジェクトオーナーが意思決定や決裁をしないと進まないからです。上司は、自ら任されたプロジェクトの他に、多種多様な仕事を抱えていることがほとんどです。プロジェクトの成功のためには、メンバーだけでなく、上司のリードも必要になります。

では、お客様はどうでしょうか。クライアントや消費者をリードしなければプロジェクトが成功しない状況は多いと思います。プロジェクトでは、自分や自社・自組織では解決できないこともありますから、関係会社、サプライヤ、有識者などにも広げる必要があります。

広義で言えば、ご家族などはどうでしょうか。間接的ではありますが、ご家族の理解がなければ、仕事が円滑に進まない場合もあります。

これらはあくまでも一例ですが、**「誰に」リーダーシップを発揮するのかを自ら考え、想像し明文化しましょう。**

▼How（どうやって）：どうやってリーダーシップを発揮するのか

例えばリーダーシップを発揮するために、会議を設定するのでしょうか。その場合も、会議のアジェンダ（議題）は、リーダーシップを取りやすい内容にするのでしょうか。チームメンバーと個別の会議を設定するのでしょうか。

またはプロジェクトのルールを独自に設定するのでしょうか。

メンバーとの接し方は、自らがポジティブに相手と接するのか、それとも厳しく接するのか。どういう時にポジティブに接し、どういう時に叱るのか、その配分も決めておくのでしょうか。

課題解決は、チームメンバー全員に考えてもらい、それをファシリテーションする方法を取るのか（ボトムアップ方式）、それとも指示的（トップダウン方式）に行うのでしょうか。またこれらをバランスよく行うには、どういう時にトップダウンで、どういう時にボトムアップで行うのでしょうか。

コミュニケーションは、対話を活用するのか、文書を活用するのでしょうか。その使い分けはどうしたらいいでしょうか。どのリーダーシップ理論・手技・手法を使うのが望ましいでしょうか。

これらはあくまでも一例です。

「どうやって」リーダーシップを発揮するのかを自由に発想し、考えて明文化しましょう。

■5W1Hの明文化作業が独自のリーダースタイルにつながる

最初はこの5W1Hを策定するのに時間がかかるでしょう。しかしそれは悪いことではありません。なぜなら、今までこうしたリーダーシップの入り口作業をやってこなかっただけだからです。**ぜひここで時間をかけてじっくりと整理してみてください。それが皆さんのリーダーシップ発揮の第一歩になります。**

これを習慣化することで、5W1Hを明文化する時間がどんどん短くなり、最終的には頭の中だけで整理できるようになります。最初はマニュアルを見ながら操作していた家電も、そのうち意識せずに扱えるようになるのと同じです。

策定のポイントは、難しく考えてすぎないこと、完璧なものを作ろうとしないことです。

5W1Hはプロジェクトを進めながら変更・修正・追記しても全く問題ありません。プロジェクトは未来の仕事なのですから、何が起こるかわかりません。進めながら、現実に起こったことを変更・修正・追記していって良いのです。

この明文化→変更・修正・追記のサイクルがあなた独自のリーダーシップスタイルの構築のはじまりです。

次ページの図は、リーダーとしての5W1Hをまとめるツールの一例です。ツールは、ご自分で作成した簡単なもので結構です（本書の「はじめに」をご覧いただきダウンロードいただけます）。

ここまでお読みいただいても、「リーダーシップを発揮するのに、本当に5W1Hでいいの？」と疑うかもしれません。その気持ちはよくわかります。ひとつ、私の経験をお話ししましょう。

私はたった一人で会社を創業しました。ヒト、モノ、カネ、ジョウホウ、ジカンの経営5大リソースがほとんどない零細企業です。

取り扱う案件が増え、最初に人材採用をした時の話です。その従業員はもともと他社でアルバイトをしており、年収は300万円台だったと記憶しています。私よりも一回りほど若

リーダーとしての５Ｗ１Ｈ
〈○○株式会社　A新製品増産プロジェクトの例〉

項目	詳細
What （何に）	【何に対してリーダーシップを発揮するのか】 （例） 本プロジェクトでは以下○点に対して強いリーダーシップを発揮する。 1．プロジェクトメンバーへのモチベーション向上 2．決裁者の意思決定支援　etc.
Why （なぜ）	【なぜリーダーシップを発揮するのか】 （例） 1．プロジェクトメンバーへのモチベーション向上 プロジェクトでの各種チャレンジが愉しいことであることをリードし、モチベーションを高めることで、プロジェクトの推進力を高めると同時に、次世代のリーダーを発掘、育成する。 2．決裁者の意思決定支援 プロジェクトの遅延の原因の一つに、決裁者の意思決定時間の長さがある。決裁者の意思決定のサポートをリードし、意思決定を早め、プロジェクト納期遵守を目指す。　etc.
When （いつ）	【いつリーダーシップを発揮するのか】 （例） 1．プロジェクトメンバーへのモチベーション向上 随時 2．決裁者の意思決定支援 決裁者意思決定時　etc.
Where （どこで）	【どこでリーダーシップを発揮するのか】 （例） 1．プロジェクトメンバーへのモチベーション向上 日常的な口頭コミュニケーション／メール／定例会議・・・ 2．決裁者の意思決定支援 変更会議／ステアリングコミッティ・・・　etc.
Whom （誰に）	【誰に対してリーダーシップを発揮するのか】 （例） 1．プロジェクトメンバーへのモチベーション向上 倉西／磐下／池田／藤田／園山／海老崎／西山／百田／宮田／遠山・・・ 2．決裁者の意思決定支援 小久保／小金田　etc.
How （どうやって）	【どうやってリーダーシップを発揮するのか】 （例） 【全体方針】 ・通常は協力的リーダーシップで進め、非常時は指示的リーダーシップでリードする。 ・SL理論を主軸にリーダーシップを発揮する。 【個別方針】 1．プロジェクトメンバーへのモチベーション向上 ・定例会を１週間に１回必ず設け、口頭コミュニケーションの場・・・・　etc.

く、価値観、経験、技術など私とは全く異なる人材でした。ただ、ひとつ確信していたのは「この人は素晴らしいリーダーになる」ということでした。

その後、彼は素晴らしいリーダーシップを発揮していき、プロジェクトの成功を通じて年収は１０００万円を超えるまでの立派なリーダーに成長しました。

彼とはいろいろと話しましたが、今考えると、日々の対話の中で結果的にリーダーとしての５Ｗ１Ｈをお互いに擦り合わせていたのです。もちろん、彼も前述のような５Ｗ１Ｈを考え、私も彼に期待する５Ｗ１Ｈを持ち寄りました。

５Ｗ１Ｈを考え抜くことで素晴らしいリーダーに成長した人はたくさんいます。ぜひ皆さん、もしくは皆さんの会社・組織でも「リーダーになるための入り口＝５Ｗ１Ｈ」を実施してください。

POINT

５Ｗ１Ｈはリーダーになるための第一歩。
最初はじっくりと時間をかけてまとめよう。

PROJECT LEADER

03

制約思考を突破する！
——成し遂げたいという情熱が大切

多くのリーダーは「できない理由」を考えるのではなく、「どうやったらできるか」という思考で活動しています。プロジェクトの目標は常に未来に存在し、未来には不確実性があります。そもそも不確実なものなのですから、「できない理由」を挙げていたらキリがありません。

リーダーシップも未来の目標達成のためにリーダーシップを発揮します。**そのリーダーシップが発揮「できない理由」を考えてしまうのは「制約思考」だといえます。**これは、「Aという条件があるからできない、Bという制約があるからできない」と考えてしまうことで、この思考からまず脱却し、突破しましょう。

そのためには、「できない理由」を考えるのではなく、「どうやったらリーダーシップを発揮できるか」と考えるクセをつけることが大切です。

■「できない」→「どうすれば良いか」に変えてみる

この変革をすぐにできる人もいれば、思考を変えるのが難しい人もいます。実は私も制約思考を変えるのに時間を必要としました。我々には、生きてきた環境や境遇、さらには価値観などの要因もありますから、すぐに考えを変えるのは難しいかもしれません。しかし、**ちょっとした考え方のコツをつかみ、それを繰り返すことで、制約思考を突破する方法を定着化させることができます。**

例えば次のように考えてしまっている人がいるかもしれません。

「権限が与えられないからリーダーシップを発揮できない」
「経験がないからリーダーシップを発揮できない」
「技術がないからリーダーシップを発揮できない」
「リーダーになったことがないからリーダーなんてできない」

この「できない」を「どうすれば良いか」に変えてみましょう。

「権限が与えられなくてもリーダーシップを発揮するにはどうすれば良いか」
「経験がなくてもリーダーシップを発揮するにはどうすれば良いか」
「技術がなくてもリーダーシップを発揮するにはどうすれば良いか」
「リーダーになったことがなくてもリーダーになるにはどうすれば良いか」

少なくとも、リーダーシップに悩み、この本を手に取っている読者は、制約思考を突破しようとしている人でしょう。なぜなら、「できない」を「できる」ようにするために、つまり制約を突破するためのひとつの手段として、この本を手に取っているはずだからです。

今日が自分を変える吉日です。少し時間がかかったとしても**制約思考を突破し「できない理由」を考えるのではなく、「どうやったらできるか」を考える思考を手に入れましょう。**

「どうすればできるようになるか」を考えれば要素が見つかる

先ほど、私も制約思考を突破するのに時間がかかったと申しました。大きなプロジェクトのリーダーを任された時、リーダーシップが本当に発揮できるのか、怖くて不安でたまりませんでした。当時の私と同じ思いにとらわれている方に、ひとつ良い方法をご紹介します。

とても簡単で、今すぐできます。

①リーダーシップを発揮できない理由をすべて紙に書き出してください。

例えば「○○だから、リーダーシップが発揮できない」などです。この本を外出先で読まれている方は、スマホのメモ帳に記入してもよいです。考えたことを明文化することがとても重要です。

②「できない理由」を「どうすれば良いか」のカタチに変えて、書き出します。

30ページで挙げたように「○○だけれど、リーダーシップを発揮するにはどうすれば良いか」などです。このように「できない理由」を「どうやったらできるか」の言葉に変換し、思考を慣らしましょう。ぜひ試してみてください。

「できない理由」を「どうやったらできるか」と考えられるようになるだけで、成長スピードがアップします。なぜなら、「どうやったらできるか」と考えることが、できる要素を見つけ出すことにつながるからです。例えばこんな具合です。

「権限が与えられなくてもリーダーシップを発揮するにはどうすれば良いか」

⇩「そうだ、権限がなければ権限がある人を巻き込めばいい」
「巻き込むためには権限者とコミュニケーションをとって、関係性を構築すればよい」

など自分に合った解決策がいろいろと見つかるはずです。

■WBSの構成図に必要な要素を書き込んで解決していく

この考え方はWBS（Work Breakdown Structure：作業分解図）に近いものがあります。プロジェクト経験者であれば、WBSを作成されたことがあると思いますが、**WBSとは次ページの図のようなツリー構造のダイアグラムを用い、目標達成のために必要な成果物の要素や活動を導いていくフレームワークです。**このフレームワークは「どうすればできるか」を考え、解決策を見つけ、整理することにも活用できます。

例えば、レベル1に「リーダーシップ強化」と設定します。次に、「できない理由」を「どうやったらできるか」に変換したものをレベル2に設定します。先ほどの例だと、「権限が

リーダーシップのための WBS の例

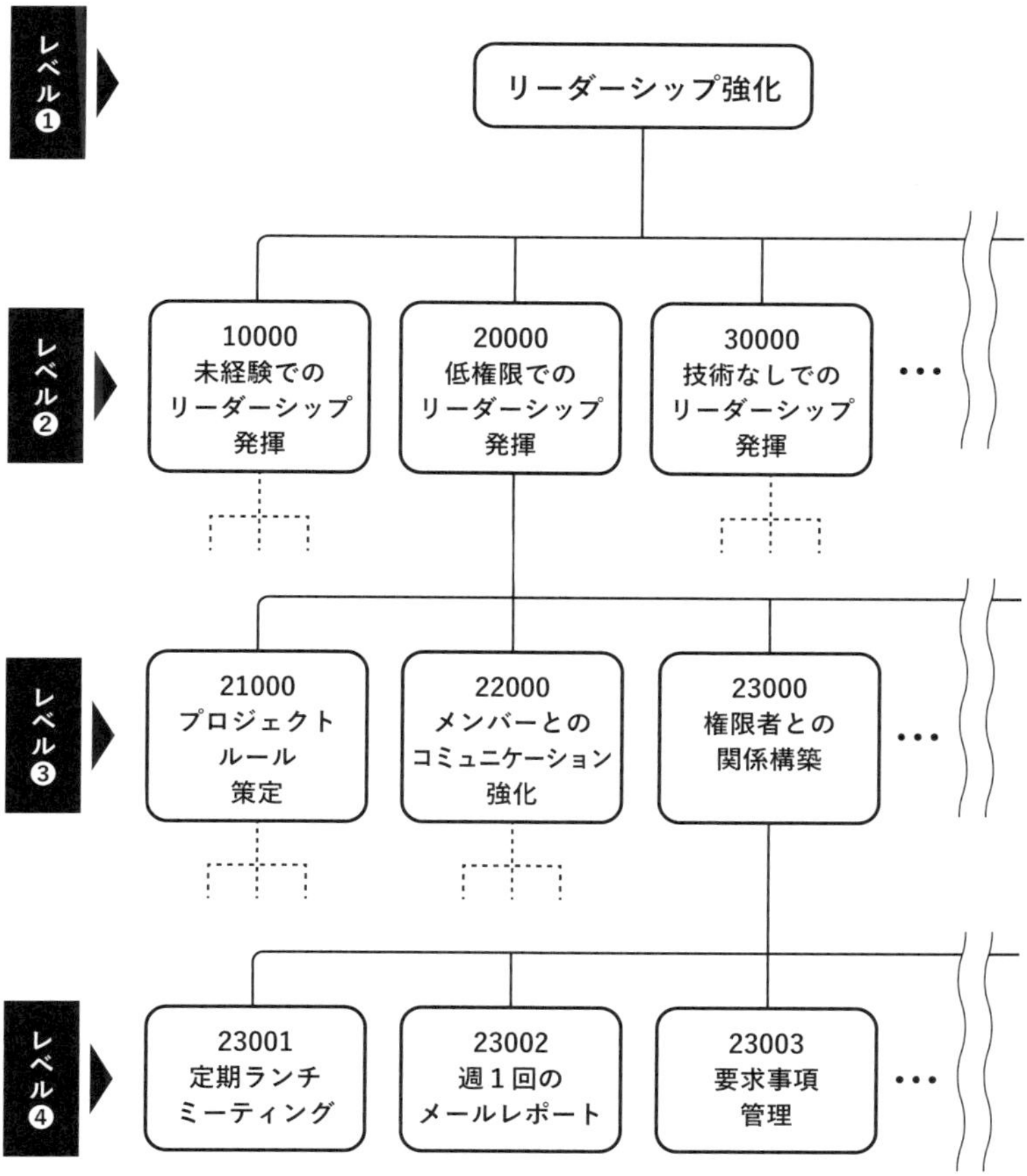

与えられなくてもリーダーシップが発揮するにはどうすれば良いか」でしたので、仮に「低権限でのリーダーシップ発揮」などと書きます。

レベル3では具体的な活動方針を記載します。「権限がなければ権限がある人を巻き込めばいい」「巻き込むためには権限者とコミュニケーションをとって、関係性を構築すればいい」でしたから、「権限者との関係構築」などと記載します。他の活動内容や方針があれば複数の解決策を並行して記載します。「権限外の対応に対するルール策定」や「チームメンバーとのコミュニケーション強化」など、いろいろと思いつくはずです。

そしてレベル4では、レベル3の活動方針に対して具体的に取るべき活動を記載していきましょう。**これらをプロジェクト実行時に実施することで、リーダーシップを発揮できる確度が高まります。**これもリーダーシップ発揮のための計画の一部となることでしょう。

■リーダーシップを自分ごとにできるよう、上司がサポートする

そこまでしてなぜ、「どうやったらできるのか」を考えるのでしょうか。それは「成し遂げたいという情熱」があるからです。成し遂げたいこと、志を持ち続けるために必要な要素が「情熱」なのです。

プロジェクトでは目標、すなわち成し遂げたいことに向かってチーム一丸となって進みますが、行く手にはあらゆる困難が立ちはだかります。**成し遂げたいという情熱がなければ気持ちが「折れて」しまいます。情熱はリーダーシップを発揮する土台や源泉なのです。**

「情熱」と簡単にいいますが、なかなかプロジェクトに情熱を注げないという人もいると思います。それはなぜなのでしょうか。

一番大きい要因はプロジェクトが「自分ごと」になっていないからでしょう。もっと簡単にいうと「やらされ感」であったり、「なんで私が感」であったり。これはリーダーを期待されている人、リーダーを任せる人のどちらか一方が悪いのではなく、双方の問題です。

例えばリーダーを任せる上司や経営者は、「君ならできる！」「リーダーとして期待しているよ！」「君は次世代のリーダーだ！」と持ち上げ、任せていないでしょうか。リーダーを任せたい人が自分で考え、自分でスキルやマインドを醸成し自ら成長する状況はラッキーだと思ったほうがよいです。

何事も最初は支援が必要で、任せる側が丁寧に、リーダーとして期待する5W1Hを伝え、**リーダーとなる人自身の5W1Hと刷り合わせる必要があります。この刷り合わせのプロセスを経て、リーダーとなる人の「自分ごと」になっていくのです。**

次に**リーダーを期待されている本人も任されたプロジェクトをどう「自分ごと」にするかを考えなければなりません。**

例えば、全く知識や技術もないプロジェクトのリーダーを任された場合、「これができたら新しい知識や技術が身につく」「これができたらスキルアップや次のキャリアアップに近づく」「今回のプロジェクトのリードの経験を会社や後任に伝え、会社を変える」など、何かしら自分の成し遂げたいことと関連させることが重要です。

最初は双方の調整に時間がかかると思います。しかし、この調整に時間がかかったとしても、**この刷り合わせを積み重ねることで、リーダー自身が「自分ごと」と捉えるようになります。つまり「やらされ感」がなくなり、情熱を持って気持ち良く仕事ができるようになり、結果として、その後のリーダーシップが高まり、プロジェクトの成功率も高まるのです。**

一方、プロジェクトへの情熱があっても、自分の性格や実績などにコンプレックスがあり、リーダーシップを発揮できないと思っている方もいるでしょう。これも「○○だから、リーダーシップを発揮できない」という制約思考にはまっています。このような場合も、情熱を持っていることが重要で、情熱はコンプレックスを超えます。

もっと簡単に言えば、**その人の性格や実績は「リーダーシップを発揮する」という点にお**

いてあまり大きな問題ではありません。

皆さんの周りにも、こんな経営者や上司がいませんか？　もの静かであまり話さない上司だがついていきたくなる人、厳しいが、従業員のことを一番に考えてくれている経営者、仕事をしているかどうかも怪しいが、成果を確実に出している上司など。

リーダーの性格や実績は人それぞれであり、すべて独自性のあるとても素晴らしいものです。リーダーシップは、それをどう活かして発揮するかが重要なのです。それよりも、**リーダーシップの土台や源泉となっている「情熱」を持つことが大切です。**

プロジェクトに対して情熱を持ち、自分の現状の性格や実績に自信を持ち、リーダーシップを発揮「できない理由」を考えるのではなく、「どうやったらできるか」を考えましょう。

POINT

リーダーは思い込みを払拭することが大切。「○○だからできない」ではなく、「○○でも成し遂げるにはどうすればいいか」を考える。

PROJECT LEADER

04

カリスマ型ではなく、自分に合った「リーダーシップ論」で

前項で私は、その人の性格や実績は「リーダーシップを発揮する」という点においてあまり大きな問題ではないと述べました。それには大きな理由があります。少しだけ学術的なリーダーシップ論の話にお付き合いください。

まず、「リーダーシップ」とはどういうものだと思いますか？　日本語では何と訳すのでしょうか？　なぜ日本語でも「リーダーシップ」というのでしょうか？

社会科学の分野では、リーダーシップ論ほど多岐にわたり、さまざまな論点・視点から論じられているものはありません。また時代によりリーダーシップ論のトレンドも変わっていきます。つまり、**リーダーシップに世界共通の明確な定義があるわけではないのです。**辞書や百科事典で「リーダーシップ」とひいてみてください。

「指導者としての地位や任務。指導権。指導者としての資質や能力、統率力。集団の目標や

内部構造維持の達成のために導いていくための機能。成員の集団への同一視を高める機能。集団の凝集性を強め集団維持の機能を強化させるもの。集団活動の機能を即すもの。ビジョンを示すもの」というように、さまざまな視点や論点が混在しています。つまり、ふわっとしたあいまいな感覚で「組織を率いる能力や役割」のようなものが「リーダーシップ」だと日々使っているのが実情でしょう。

こうした実情を踏まえた上で、リーダーシップ論の論点・視点を簡単に見てみましょう。

■特性から論じ始められたリーダーシップ

リーダーシップの特性理論は１９４０年代頃まで盛んに研究されていました。その内容はリーダーの特性を導き出したり、リーダーと非リーダーの特性の違いを導きだしたりするものでした。例えば、向上心・実行力、他を導こうとする欲求、正直・誠実、自信、知性、高い自己監視性、外向性、人当たりの良さ、安定した感情など、さまざまなリーダーの特性が導き出されました。**特性理論では、リーダーは生まれながらにしてリーダーであるという前提が大勢を占めていました。**

■40〜60年代はリーダーの行動が研究の中心に

40年代〜60年代には**リーダーシップの行動理論**の研究が盛んに行われました。**特性ではなく、今度はリーダーの行動に目を向けたのです。**オハイオ州立大学の研究では、結果を出しやすいリーダーは、

・グループのメンバーに特定のタスクを割り当てる・厳密な業務水準の維持を期待する・期限の厳守を重視する・メンバーや部下の悩みに力を貸す・メンバーや部下を平等に扱う

という行動特性が見られたとしています。

ミシガン大学の研究では、従業員志向型リーダーと生産志向型リーダーの2つの側面で研究を行いました。

「従業員志向型リーダー」は、メンバーや部下のニーズに関心を持ち、個性の違いを受け入れるなど人間関係を重視するリーダーとして描写されています。一方で**「生産志向リーダー」は、グループとしてのタスクを達成することに関心を持ち、仕事における技術やタスクを重視するが、メンバーや部下は目的のための手段であるとするリーダー**として描写されていま

す。

この研究を通じて従業員志向の行動をとるリーダーの場合は、生産性向上や従業員満足度が高まるとしました。**特性理論は「リーダーは生まれながらにしてリーダーである」という前提のもとに構成されていましたが、行動理論では、「有能なリーダーは育成できる」という理論に変わってきたのです。**

■状況に応じてリーダーシップスタイルを使い分ける

60年代から70年代になると**条件適合**（コンティンジェンシー）**理論**の研究が盛んになりました。リーダーシップは複雑であるという前提のもと、**リーダーの特性や行動だけではなく、リーダーが置かれた状況的影響に主眼がおかれた理論が条件適合理論です。**

例えば、Aという状況の時にはXのリーダーシップスタイルが有効、Bという状況の時にはYのリーダーシップが有効といった具合です。

逆にAという状況下でYリーダーシップは有効ではない、Bという状況下でXのリーダーシップは有効ではないというケースもあります。つまり、リーダーが置かれた状況により適切なリーダーシップスタイルを使い分けるといったものです。

この条件適合理論の中に「フィードラー理論」というものがあります。

フィードラー理論ではリーダーのスタイルを人間関係志向かタスク志向かに分けました。次にリーダーが置かれる状況を導くために3つのパラメータを設定しました。1つ目は「リーダーとメンバーの関係」で、部下やメンバーのリーダーに対する信用・信頼・敬意の度合いを「良い・悪い」で評価します。

2つ目は「タスク構造」です。部下やメンバーの職務範囲や要件が明確に定義されている度合いを「高・低」で評価します。3つ目は「職位パワー」で、部下やメンバーの雇用や解雇、昇進や昇給などにリーダーが持つ影響力の度合いを「強・弱」で評価します。

これらを組み合わせ、例えば、リーダーとメンバーとの関係が良く、タスク構造も高く、職位パワーが強いという状況下では、タスク志向型リーダーのほうが人間関係志向型リーダーよりも業績が高いと論じています。逆にリーダーとメンバーの関係は良いが、タスク構造は低く、職位パワーが弱い状況下では人間関係志向型リーダーのほうがタスク志向型リーダーよりも業績が高いとしています。

この状況カテゴリは合計8つあり、それぞれに適したリーダーシップスタイルを論じています。

この条件適合理論の中に「パス・ゴール理論」というものもあります。

パス・ゴール理論では、有能なリーダーはチームが置かれた環境的状況や部下の状況を考慮し、部下やメンバーの目標達成の道筋を示し助けることを前提としています。その際、4つのリーダーシップスタイルを使い分けるとしています。

①指示型リーダースタイル　部下やメンバーに自分が何を求められているかを教え、タスクのスケジュールを設定し、タスク達成方法を具体的に指示・指導するスタイル。タスク構造が曖昧な状況で、それに部下やメンバーがストレスを抱えている状況やチーム内でコンフリクト（衝突）が発生している場合に有効であるが、高い能力や経験豊富なメンバーや部下に対しては有効ではない。

②支援型リーダースタイル　部下やメンバーが親しみやすく部下を気遣い、支援するスタイル。メンバーや部下が明確化されているタスクを実行している時や、公式の権限が明確である時に有効である。

③参加型リーダースタイル　リーダーが意思決定をする際に部下やメンバーに相談しその意見や提案を活用するスタイル。自分の運命は自分がコントロールするという強い責任感がある部下がいる場合は有効。

④達成志向型リーダースタイル　部下やメンバーに目標達成に対し全力を尽くすよう求め

るスタイル。タスク構造が曖昧である状況でかつ部下やメンバーが努力すれば業績につながるとモチベーションが高い時に有効。

ここで重要なのは、状況に応じて有効なリーダースタイルが異なると論じられているところです。

■強い影響力を持つカリスマ的リーダー

70年代から80年代になると**カリスマ的リーダーシップ理論**が論じられるようになりました。世の中には業務を処理するためのリーダーではなく、部下やメンバーに自身の利益を飛び越えて行動するよう啓発し、絶大な影響を与えることで部下やメンバーを変革させ、圧倒的な支持を得るリーダーもいます。このリーダーを**カリスマ的リーダーや変革型リーダーと呼び、研究されました。**

カリスマ的リーダーの特徴として、部下やメンバーにわかりやすいビジョンと明確な表現ができること、ビジョンを達成するために個人がリスクを許容し自己犠牲をいとわないこと、環境的制約の中で変革をもたらすために必要なリソースを現実的に評価できること、部下やメンバーの能力・ニーズ・感情に敏感に反応できること、奇抜で並外れた行動をとることなどが挙げられました。

現代では、さらに**EQ**（Emotional Intelligence Quotient）や**EI**（Emotional Intelligence）などの心の知能や知能指数の重要性が論じられたり、リーダーには**倫理観**が重要であると論じられたりし、さらに異文化間でリーダーシップのスタイルが異なるといったことが研究されています。また、研究者だけでなくビジネスで成功を収めた人がさまざまや切り口でリーダーシップを論じています。

誰かのまねではなく、自分らしいリーダーシップスタイルを

私は、たくさんの研修受講者やその上司、経営者と対話してきました。その中で「リーダーとしてのあるべき姿」について話を聞くことがよくあります。もちろん、会社や組織の文化・業種・業態・部署でも違いますし、会社や組織の置かれている状況によっても違います。さらには個人の経験や置かれている状況、その時の社会情勢でも違います。

あるべきリーダー像として、カリスマ的な人、大きな変革を起こせる強い人、明るい人、部下やチームのことを気遣う人などが挙げられるでしょうが、**リーダーシップに正解はあり**

ません。逆にいえば、すべてのリーダー像が正解なのです。

一番重要なことは、リーダーシップとは目的・目標を達成させるために発揮されるものであり、必ずしもカリスマ的な人、大きな変革を起こせる人、明るい人、部下やチームのことを気遣う人が目的・目標を達成するとは限らないのです。

私が皆さんにお伝えしたいのは、「自分に合ったリーダーシップスタイルを見つける」ということです。

本書でも現代に有効な手法などを述べますが、それ以外にも過去に流行ったリーダーシップ論などを学び、知識の「引き出し」を多く持つことがまず必要です。そして、それを実際に使ってみることです。使ってみて自分にしっくり来るもの、成果が出たと思えるものは使い、それ以外は使わないという取捨選択を重ねて自分のリーダーシップスタイルを構築していくのです。

それは自分の家や部屋の中のコーディネートと似ています。食洗器が欲しいなと思い設置していていても使わなければ捨てます。テレビを大きくしたいなと思ったら前のテレビを捨てて大きなテレビを設置します。カーテンは落ち着いた色が好きだったけれど、明るい色にしたければ変えます。**状況に応じて部屋のレイアウトも変え、ベストな環境にするのと同じで、「自分だけのリーダーシップ」を創っていきましょう。**

ここで重要なメッセージをお伝えします。

あなたがもし「リーダーシップ」に悩んでいるのであれば、誰かから言われたリーダーシップ像と比較している、もしくは誰かから言われたリーダーシップ像や憧れの人のリーダーシップ像をまねて成果が出ていない可能性があります。

あなたは世の中で独自の存在です。あなたは誰かのコピーではありません。あなたにはあなたのよさが必ずあります。**あなたにはあなたのリーダーシップスタイルが必ずあります。**

本書ではさまざまな切り口でリーダーシップに有効な知識と技術をお伝えしていきます。その内容は、先ほどご紹介した理論に基づくものから、理論を実践して得た失敗や、苦い経験も踏まえてご紹介します。これからご紹介する知識と技術をまず実践し、取捨選択し、あなただけのリーダーシップ論を探していきましょう。

POINT

リーダーシップには明確な定義はない。過去のリーダー論、実践されたことを踏まえて自分のリーダーシップを見つけていこう。

PROJECT LEADER

05

OPENNESSの心構えで！
――まずはリーダー自身が自己開示する

多くのリーダーは「OPENNESS（オープンネス）」を重要視しています。これはあらゆる国でのビジネスにおいて共通の概念といっても良いでしょう。それではOPENNESSとは何でしょうか？　**OPENNESSとは「寛大さ」「心が開かれていること」「開示性」「開放性」という意味です。**

このOPENNESSは大きく2つの重要な観点を持っています。1つ目は**自己を開示すること**、2つ目は**他を受け入れる**ことです。それぞれの観点からリーダーシップにおけるOPENNESSについて考えていきましょう。

まずはじめは自己を開示する重要性から説明します。

この自己開示の重要性は人に限らず、政治の世界でも、企業でも情報のディスクローズ（情報を明らかにすること、発表すること）が求められています。なぜでしょうか。簡単に言えば、情報が開示されないと運営の透明性がなくなり、人々の信頼・信用が得られなくなるためです。

リーダーシップも同じです。リーダーというあなたはどういう人なのかを明らかにしないと、チームメンバーやステークホルダーからの信頼・信用は得られにくくなります。これは皆さんも経験があるのではないでしょうか。例えば、会社や組織の上司や経営者の人柄や性格、スキルや経験、趣味などがわからないとコミュニケーションのきっかけがつかめません。

コミュニケーションのきっかけがつかめないと、人との深い関係構築ができません。関係構築ができない人に対して、信頼・信用するのは難しいはずです。

リーダーとして、チームメンバーやステークホルダーからの信頼・信用を得るということは、リーダーシップを発揮するためにとても重要だということは言うまでもありません。

例えば、初めて会った人との食事や、会議の合間などに「ご出身はどちらですか？」「スポーツなどはされていますか？」「どのようなお仕事をされているのですか？」など無意識または意識的に相手の素性を知ろうとしていませんか？　これも相手の情報を引き出し、相手との関係構築を進め、信頼・信用するきっかけを作ろうとしているのです。

この時、何かしらの共通点があれば、ぐっと距離を縮められます。逆に、話しかけた人が全く自己開示せず、「スポーツをやっているかいないかが仕事と関係ありますか?」「仕事の内容は一切開示しません」などと返されたらどうでしょうか。その後、会話も続かず、その人を信頼・信用するのは難しいですよね。

■時間、場所、手段を問わず、仕事に関する情報を開示する

リーダーはチームメンバーやステークホルダーの信頼・信用を得るために可能な限り自ら積極的に自己開示していきます。相手から聞かれるのを待つのではなく、自分から積極的に自己開示していくのです。場所や手段は問いません。

例えば、公式な会議や食事や飲み会の場、移動時間、休憩時間など場所は問いません。また手段としても対話、もしくはメールやチャット、SNSなど手段を問いません。重要なことは可能な限り自己を開示し自分を知ってもらうことです。

自ら自己開示をすることで、相手も心を開いてくれます。もし相手が全く自分の情報を提供してくれなかったら、自分の情報を提供しにくいですよね。でも率先して自分からオープンになれば「情報を提供してくれた、私も提供しよう」と思ってもらえる可能性は高まります。

これは心理学的に「返報性」と呼ばれるものです。人は他から何かを与えられると、その行動に対し返さないといけないと思う傾向があるからです。例えば、同僚から自分の誕生日プレゼントをもらったら、同僚の誕生日にお返しをしないと悪いなと思ったり、年賀状を送っていない人から年賀状をもらったら返さないと悪いなと思ったりするのと同じです。

では、どういった情報を開示するのでしょうか。

自分という人を知ってもらうために必要な情報を伝えていきましょう。仕事に直接関連のある自分の仕事上の経歴、技術、経験はもとより、自分の仕事での信条や重要視しているポイント、仕事のスタイルなどです。

その他、自己を表現するためのプライベートな情報です。例えば、ギターが好きだ、ゴルフをやっている、最近娘が小学校に入学した、東京に住んでいる、○○大学出身、最近○○を買った、など、自己開示してもよい情報です。重要なのは、「相手との接点を見つける」です。その可能性を高めるために情報を開示するのです。

プロジェクトは期限が決まっている仕事ですから、**より早くチームメンバーやステークホルダーとの関係構築を進め、リーダーとしての信頼を得ていく必要があります。そのために関係構築のきっかけとなる接点をより多く提供することが重要です。**

プロジェクトではどうしても成果物の話や計画の話に寄りがちです。プロジェクトの成功率を高めるために、早い段階で、チームメンバーとの関係構築、そしてリーダーとしての信頼を得る活動に注力しましょう。

■公式・非公式コミュニケーション、両方を利用する

プロジェクトマネジメントではこれらのコミュニケーションの際、**公式コミュニケーション、非公式コミュニケーション双方ともに重要という概念があります。**

公式コミュニケーションとは、会議体や仕事の報告・連絡・相談など仕事としてのコミュニケーションです。非公式コミュニケーションとは、公式な会議体とは別に、食事をしながらのコミュニケーションであったり、プライベートで活動したり、誕生日やクリスマスのパーティーをしたりするなど、人とのつながりを重視するためのコミュニケーションです。

プロジェクトでは仕事に直接関係する課題や、間接的に関連する個人的な課題など多くの課題が発生しますし、チームメンバーが悩みを抱える場合もあります。リーダーにそれを相談したいと思っても、仕事に関する情報開示しかしないリーダーと、仕事やプライベートなど幅広い情報開示をしているリーダーとでは、どちらに相談をしたいでしょうか。

「Speed Dating」ワークの例

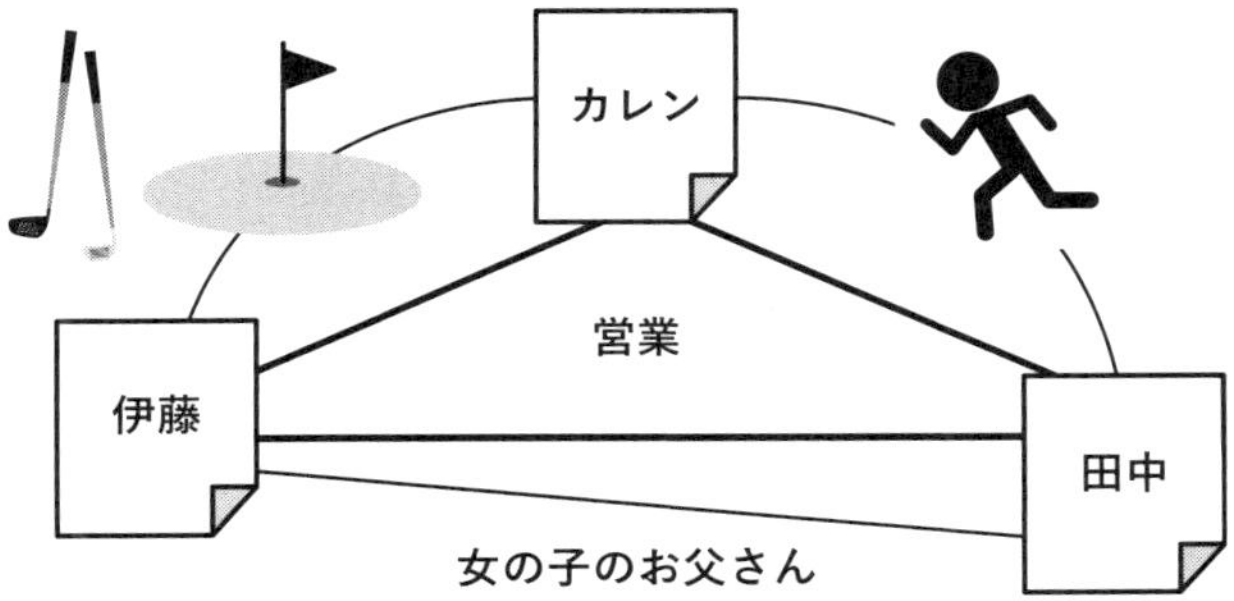

ぜひチームメンバーやステークホルダーの目線になって、自己開示の重要性を今一度考えてみてください。

キックオフで親密感を高めるプログラムを組む

プロジェクトのKick Off（キックオフ）では、チームビルディングのためにお互いを知るためのワークやアクティビティを行うことがあります。これを「Project Acceleration Program」（プロジェクト アクセラレーション プログラム）といいます。

例えば、懇親会を行ったり、キックオフ自体を旅行形式で行ったりします。日本ではまだ一般的ではありませんが、欧米やグローバルプロジェクトでは、このようにチームビルディングに重きを置いたプログラムを最初に設けることにより、プロジェクト成功率が高まるとして行われています。

また、たとえキックオフプログラムにコストがかかっても、**チーム力が高まることでその後のプロジェクトのトラブルが少なくなり、結果としてプロジェクトトータルコストが削減できるという見方もあります。**

しかし、小規模プロジェクトや日本でのプロジェクトでは決裁がおりにくいのも現実でしょう。そうした場合は、最低限、自己紹介の時間を設けましょう。そこでリーダーとして積極的に自己開示をしていくのです。

もうひとつ、「Speed Dating」という簡単なワークがあります。ホワイトボードの前にチームメンバーと一緒に立ちます。そこに自分とメンバーの名前を書きます（前ページの図を参照）。さらに自分とメンバーとの共通点をホワイトボードに書き出します。リーダーから積極的に話しかけて書き込んでいきましょう。

例えば「私は営業出身です。皆さんは？」というような感じです。すると「私は今営業です。」など、メンバーとの共通点が見つかったら、自分とメンバー、メンバー同士を線で結び、その線の間に「営業」と書きます。

■自分のプライベートも開示しメンバーと結びつける

もちろん、仕事だけではなく、先ほど述べた**プライベートの情報もリーダーから提供してみましょう。**

例えば「私はランニングが趣味です」と話し、「私もランニングしています」というメンバーがいれば、自分とメンバー、メンバー同士で線を描き、線の間に「ランニング」と書いたり、走っている人の絵を書いたりします。

この時、ランニングしている人が他にいなくても構いません。メンバーには「リーダーはランニングしている人」とインプットされています。また、聞き方を変えてみてください。例えば、「みんなはランニングしていないんですね。スポーツはやってる?」などです。すると「私、ゴルフが趣味なんですよ」などとメンバーから声が上がるかもしれません。他のメンバーもゴルフをやっていれば、メンバー同士の共通点が生まれます。

これらも線で結び、線の間に「ゴルフ」と書きます。もしみんながバラバラのスポーツをやっていたとしても「スポーツ」が共通点となるはずです。このゲームは私が講師をする時や実際のプロジェクトのキックオフで何度もやってきましたが、**ポイントは、リーダーから**

積極的に自己開示することです。

これはプロジェクトの現場でも同じです。まずリーダーがオープンにならないと関係構築の接点がなかなか得られず、リーダーシップに必要な信頼が得られにくくなります。またチームビルディングのスピードも遅くなる傾向にあります。**自らの情報を積極的かつ率先して開示するのは、恥ずかしいかもしれません。しかしリーダーシップを発揮し、強いチームを作るには大切なことなのです。**

■自己開示には、他を受け入れる寛大さも必要

OPENNESSのもうひとつの側面、他を受け入れる寛大な心、受け止める寛大さについて考えていきましょう。

例えば、あなたがあるプロジェクトメンバーで、「タスクの順序設定はこうしたほうが良いと思います」とリーダーに提案・進言したとします。

「いや、それだと失敗する可能性が高い、私が考えた通りにやってほしい」と返答するリーダーと「その理由を詳しく教えてくれないか」と返答するリーダー、どちらについて行きた

いと思うでしょうか。

自分の提案が受け入れられるか、受け入れられないかは別として、**一旦提案を受け止めてくれるリーダーについていきたいと思う方が多いと思います。**合理的に考えれば、YES・NOを早く決断してくれるリーダーのほうが、時間を無駄に使わないリーダーとしてよいのかもしれません。でも何か心の中にもやもやしたものが残りませんか？

「だったら、もう提案をするのはやめよう」「自分だけで決めるのであれば自分でやればいい」「私のことなんか見てくれていない」と思ってしまうかもしれません。その根底には、「自分を認めてほしい」という自己肯定感もしくは承認欲求があるのではないでしょうか。

人によってこの自己肯定感や承認欲求の大小は異なるかもしれません。ただ、我々は人間ですから、大なり小なりプライドを持って生きていて、その要素を完全否定されると、否定した人との関係は悪化します。

■違う価値観があることを前提として関係を築く

また、自分と人とは必ず「価値観」が異なります。仕事上で重視している点も違います。

例えば売上・利益を最重要視している人もいれば、従業員同士のコミュニケーションを重視している人もいます。なぜ仕事をしているかの理由すら異なります。自分の家族のためという人もいれば、自分のスキルや技術を磨くためという人もいます。

重視する部分が違うのは、生きてきた環境や出会った人々、学んだこと、身に着けた経験や技術などがそれぞれ独自だからです。それぞれの価値観を否定することは、相手を否定することにつながります。

この話をすると、ではリーダーは価値観が異なる中でどうやってチームをまとめるのかという問いが出てくるでしょう。

先ほどチームメンバーとの共通点を見つける重要性を述べました。価値観においても同じ要素が必ずありますから、同一である部分から築いた信頼・信用関係を基に、**価値観が異なる部分について互いの相違点を議論していくのです。議論によって、他者を理解することができ、他者を理解することでプロジェクトチーム内の独自の文化が醸成されていきます。**

POINT

チームビルディングに大切なOPENNESS。まずリーダーから率先してオン、オフの情報を提供し、価値観の違いを受け入れる。

PROJECT LEADER 06

リーダーが「OPENNESS」を実践することでチームが成長する

チームビルディングの基本的な考え方をご紹介します。

チームの編成には**「タックマンモデル」**というものがあります。これはチームの成長過程を研究した有名なモデルです。タックマンモデルでは、チームは**「成立期」**→**「動乱期」**→**「安定期」**→**「遂行期」**→**「解散期」**という時期を経るとされています。

皆さんが経験されたプロジェクトを思い浮かべながらそれぞれの時期の説明を読んでみてください。

▼【成立期】

チームの顔合わせ段階です。例えばプロジェクトチーム全員が初めて会った時を思い浮かべてください。プロジェクト経験がない方は、例えば会社のさまざまな部署の人が参加する研修や、外部の交流会などに参加した時、もしくは新学期が始まってクラス替えした時のことを思い浮かべてみましょう。

このような時はお互いが何かよそよそしい雰囲気になっていることが多いのです。多くの人があまり他者とコミュニケーションを取らず、お互いがどういう人なのかを知りたいけれど積極的に行動していない段階です。プロジェクトチームの開始時はほとんどこのような状況です。

この段階では、**チームメンバーが自らの習慣や行動、文化を独自に持っている状況です。チームとしての生産性はもちろん高くありません。**

▼【動乱期】

その後、プロジェクトの目標のためにチームが行動を開始します。しかし、メンバーが独自の習慣や行動、文化を持ちながら行動するため、その違いからコンフリクト（摩擦）が発生します。例えば、「あの人はなぜ時間にルーズなのかしら」「あの人はなぜお金のことばかり心配しているのかしら」「あの人はなぜ会議で何も言わず、その後にeメールでいろいろと言うのかしら」などが噴出する可能性があります。

この時期、生産性はコンフリクトにより低下します。しかし、この**動乱期にしっかりと互いの習慣や行動、文化、価値観などを伝え合い、議論し、お互いを理解し、チーム力や生産**

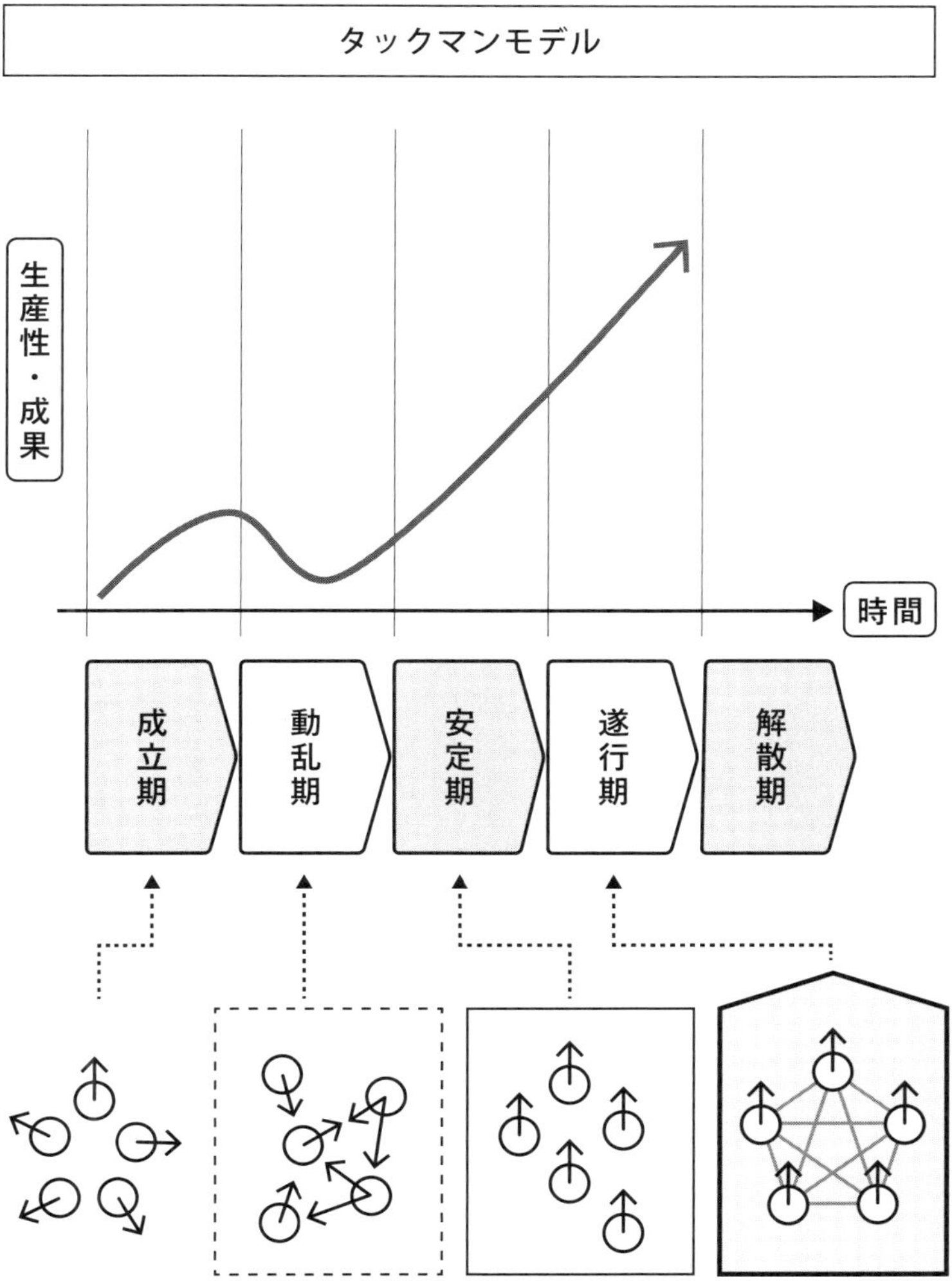
タックマンモデル
生産性・成果
時間
成立期
動乱期
安定期
遂行期
解散期

性を高める必要があります。

▼【安定期】

それぞれのメンバーが異なっている部分と同一部分を理解し、自分の習慣、行動、文化などを見直し始めます。これにより、チーム全体としての文化が醸成されていきます。この段階から初めてチームの生産性が高まっていきます。

▼【遂行期】

安定期からさらに、お互いの理解が進む段階です。**お互いを理解し、相互補完できている状態。また良い意味で相互依存状態になっているといえます。**

例えば、Aさんはプロジェクトの進捗管理を重視しているが、Bさんはチームのコミュニケーションを最重要視しているということをお互いが理解し、BさんはAさんの進捗管理に関する作業や提案を信頼し、AさんもBさんのコミュニケーションに関する作業や提案を尊重してお互いがなくてはならない存在になっています。この状態がチームとしての生産性が最も高い時です。

▼【解散期】
プロジェクトには期限が設定されていますから、チームはいずれ「解散期」を迎えます。

前項（58ページ）で、リーダーは価値観が異なる中でどうやってチームをまとめるのかという問いに対して、互いに考えや想いの相違点を議論していくことが重要だと述べましたが、タックマンモデルでいえば、まさにこれは、「動乱期」を乗り越えるためのポイントです。

■相互理解ができているチームほど、意思決定スピードが速くなる

OPENNESSこそ、チームの動乱期を乗り越え、より生産性の高いチームへと導くカギです。リーダーとメンバーはもとより、リーダーはメンバー同士でこのOPENNESSを実践できるようにファシリテーションしていかなければなりません。

チームが遂行期に至るまでには相当の時間がかかり、コミュニケーションが必要になります。よく、研修や講義の中で「不毛な議論を少なくしたい」という悩みを相談されますが、リーダーとしてはそれが本当に不毛なのかを今一度考えてみてください。もしかしたらそれが、**お互いを理解しチームを遂行期に移行させるための絶好のチャンスかもしれないからで**

す。

ここでもう一度、56ページで紹介した状況を振り返ってみましょう。

あなたが「タスクの順序設定はこうしたほうが良いと思います」とリーダーに提案・進言したら、リーダーに「いや、それだと失敗する可能性が高い、私が考えた通りにやってほしい」と回答された状況を想像してください。あまり気分は良くないですね。

ここで、条件をひとつ加えてみましょう。その条件とは「相互信頼関係が確立していること」です。

リーダーが自分のことをよく理解してくれていて、信用してくれている。そして自分もリーダーをよく理解していて、信頼している状態であれば、リーダーの回答を受け入れられるかもしれません。

その背景には多くの議論を通じて他者の考えを理解していること、そして、お互いを信頼している状態があります。つまり、お互いを理解することで、結果的に意思決定のスピードも早くなり、合理的な活動ができてくるのです。

自己を積極的に開示し、そして寛大な心を持ち他者を受け入れる。多くのリーダーはその重要性を知っています。もしくは潜在的に、それに則した行動を取っています。

OPENNESSだけを見るとなぜそうしなければならないのか、なぜ重要なのかがわかりづらいのですが、OPENNESSの背景を理解することでその大切さが見えてきます。

POINT

リーダーは自分を開示し、相手の価値観を理解するために議論を重ねる。メンバー同士にも相互理解を促す機会を設ける。

PROJECT LEADER

07

プロジェクトの目的・意義を皆で共有する「目標設定」を持て

リーダーとして「目標」を明確化することは大切です。その重要性を今一度確認していきましょう。

プロジェクトでは要求事項を満たす成果物を期限までに納品する必要があります。その目標がチームメンバーやステークホルダーと共有されていないと、さまざまなトラブルが発生し、リーダーを悩ませる事態に陥ってしまいます。

ひとつ、ゲームをしてみましょう。一人でもできますが、ぜひチームメンバーとも行っていただきたいゲームです。

①「ウサギ」の絵を描いてみてください。時間は30秒ほどです。
②描き終わったらチームメンバーと見せ合ってください。

だいたいウサギだとわかる絵が描けていると思います。一人で書いた方は、おそらく大きな耳が2つ、目が2つ、口を描き、中にはヒゲを描いたり胴体を描いたり、飛び跳ねる脚を書いたりしたのではないでしょうか。

では、次のミッションです。

③「ロホホラ」の絵を30秒ほどで簡単に描いてみてください。
④描き書き終わったら、チームメンバーの方と見せ合ってください。

私はこれまで、このゲームを数えきれないくらい実施していますが、ほぼ間違いなくメンバー同士で全く違うロホホラの絵を書きます。そもそも絵が描けない人もいます。もちろん「ロホホラ」をご存じの方は描けるでしょう。

では、質問です。なぜ皆さんは同じようなウサギの絵を書けるのでしょうか。なぜロホホラは違う絵を描いてしまう、もしくはそもそもロホホラを描けないのでしょうか。

多くの方はこう答えます。「ロホホラを知らないから」「ロホホラのイメージがないから」「ロホホラが何なのか言われていないから」などです。

実は、プロジェクトの目標を共有する際に「ロホホラ」と同じことが起きているのをおわかりでしょうか。

例えば、**「営業改革プロジェクトをやるぞ」「業務効率化のための○○システムリプレイスプロジェクトをやるぞ」「モチベーションプロジェクトをやるぞ」といったテーマがプロジェクトチームに「丸投げ」になるパターンがそれにあたります。**もしくは膨大な資料だけがあり、結局何が目標なのかイメージがわかないプロジェクトなどです。

プロジェクトチームやチームメンバー各自が独自の解釈でタスクを実行し、成果物や要素成果物がイメージと違い、それらが受け入れられず「やり直し」となる、いわゆる**「手戻り（工程の途中で大きな問題が発見され、前の段階に戻ってやり直すこと）」のパターンが発生してしまう**のです。

■共通のビジョンがあれば、同じ絵を描ける

引き続きゲームをしましょう。

⑤プロジェクトの成果物がロホホラだったとしましょう。これからロホホラのイメージを皆さんに「文面」でお伝えするので、30秒でロホホラを描いてください。

ロホホラというのは「かぼちゃ」のような形をしたトゲのないツルツルとしたサボテンです。その「かぼちゃ」の上にひとつの花が咲いているのが特徴です。

⑥描き終わったらメンバーで見せ合ってください。

どうでしょう、皆さん同じような絵を描いたのではないでしょうか。一人で描いた方はインターネットでロホホラを画像検索してみてください。ロホホラについて何のイメージもなかった時よりも実際のロホホラと似たような絵を描けたのではないかと思います。

このように、**リーダーは、目標や成果物のイメージをチームメンバーと共有する必要があります**。もし上司や経営者から目標を明示されて、そのイメージが不明瞭であれば、上司や経営者とイメージを共有してからメンバーに伝えなければなりません。

ここでは手段は問いません。いちからみんなで議論する、リーダーが目標イメージを策定して提示する、もしくはイメージを基にステークホルダーと調整する方法でもかまいません。また媒体としては文書でも絵でも数字でも映像でも良いです。重要なのは**目標のイメージをより具体的にすることと、それがステークホルダーやメンバーと共有されているということです。**

イメージの明確化は、44ページで紹介したカリスマ的リーダーシップの要素に通じるかもしれません。カリスマ的リーダーは、大きな変革をもたらすためのわかりやすいビジョンをメンバーに提供できるような能力を持ちますが、**社会に大きな変革をもたらさなくとも、イメージを策定して共有する能力は、リーダーに少なからず必要**です。

「目標のイメージを策定することなんてできない」という方がいらっしゃるかもしれません。自分でイメージすることが不得意であれば、得意な人を巻き込みましょう。リーダーはステークホルダーとの調整役に徹し、みんなの力でひとつの目標イメージを導き出すのもいいでしょう。

■数値化できる目標を明確にし、共有する

目標イメージを明確にする過程で、もうひとつ重要な視点があります。それは「目的」と「目標」の違いを理解することです。目的と目標は似たような単語ではありますが、プロジェ

クトではまったく意味が異なります。

「目的」とは「あるべき状態」になります。「状態」であるがゆえに、数値や形にしにくいものです。例えば、皆さんが所属している会社や組織の経営理念やミッションをご覧になってください。「社会に貢献します」「社会の安定に寄与します」「環境でＮｏ．１になります」など、何となくふわっとしていませんか？　**目的とはあるべき状態ですので、簡単にいえば「目指すべき方向性」という意味合いなのです。**

「目標」は、そのあるべき状態に近づくために設定されるもので、明確な数値や形で表されます。例えば、

（目的）
「環境でＮｏ．１になります」

⇩

（目標）
「○○年後までにCO_2排出量を○○％削減する」
「リサイクル率を○○年後までに○○％にするための工場を新設する」

など、測定可能または可視化できる数字で表示されたものが目標です。

別の例を挙げてみましょう。例えば皆さんが家を買いたいと考えていたとします。「家族で安心して暮らせる場を確保したい」というのが目的です。その目的に近づくために「○○駅周辺徒歩7分圏内。3LDKで築年数○○年以内。価格は○千万円以内のマンションを購入する」という測定可能なものが目標です。

プロジェクトでは扱うのは目標です。従って、プロジェクトのリーダーはより明確かつ測定可能なイメージをあらゆる手段で策定し共有する必要があるのです。**目的をステークホルダーやメンバーと共有することは確かに重要ですが、実現すべき目標を明確にすることが、まず求められるわけです。**

読者の皆さんは、イメージを共有するための「あらゆる手段」を知りたいかもしれません。確かに、「手段」を多く知る、経験するというのもリーダーとして成長する重要な要素です。

一般的には、

①プロジェクト憲章でイメージを共有する

②BA（ビジネスアナリシス）で共通イメージを醸成する

という方法があります。私が経験した、世界的イベントのプロジェクトでは、映像や画像で目標を共有したこともあります。また、プロトタイプで実物のイメージを作ることもあります。つまり、手段というよりも、ステークホルダーやメンバーと同じ目標のイメージを共有しやすいのはどんな方法か、を見出すことが重要なのです。

■目標達成に向けた重要事項が記される「プロジェクト憲章」

なお、プロジェクトの現場で目標を明確にする文書として一般的なのは**「プロジェクト憲章」**です。プロジェクトの経験者である皆さんはすでにご存じだと思いますが、今一度プロジェクト憲章についておさらいしておきましょう。

プロジェクト憲章とは、企業や組織内でプロジェクトを公式・正式に承認すること、プロジェクトマネジャーを特定しその権限や責任を明確にすること、ビジネスニーズ（市場または組織内で解決が求められる問題や課題）、成果物、プロジェクトによる期待される結果、プロジェクトの経済面を明確にすることを目的とした重要な文書です。

プロジェクトにおける重要かつ根本的なことや、基本的方針や施策などを定め、取り決め

るもので、まさにプロジェクトの目標を明確にし、目標達成に向けた基本的かつ重要な情報を記述した文書です。このプロジェクト憲章が承認されると、プロジェクトは正式にスタートします。英語ではProject Charter（プロジェクトチャーター）と呼ばれます。

プロジェクト憲章には、基本的に次のようなことが記載されています。

1. 基本情報
2. ビジネスニーズ
3. プロジェクト概要／目的・目標／主要要求事項
4. ビジネスケース
5. 成果物
6. 成果物の納期
7. 前提条件
8. 制約条件
9. 主要マイルストーン／スケジュール
10. 人的資源／能力・技術
11. 予算

12. 主要リスク
13. プロジェクト組織
14. 役割／責任／権限
15. 主要ステークホルダー
16. 変更コントロール
17. その他取決事項
18. 付録／附属書
19. 承認／決裁欄
20. 改定履歴

■「目標のプロトタイピング」で議論を前に進め、情報を集める

プロジェクトの目標は「未来」のことですから、「みんなで目標を設定しましょう」と言っても時間だけ過ぎてしまう可能性があります。

そうであれば、「リーダーが明確なイメージを提示」してしまってもいいでしょう。それをメンバーやステークホルダーと共有すると、賛否両論、さまざまな議論が巻き起こるはず

です。**賛成されても批判されても、まず議論の土台に入ってもらうことが「前に進めるために重要なことです。**

議論を進めながら、目標を導き出していけばいいのです。これを私は**「目標のプロトタイピング」**といっています。「批判が怖い」という方がいらっしゃるかもしれませんが、少しだけ次のように考えを変えてみましょう。

「あなたのミッションは目標を達成すること。批判する人がいれば、それはチャンス。なぜなら、情報がたくさん集まるから」

批判的な意見出た時、「〇〇についてぜひ詳しく聞きたい」とお願いすれば、相手は喜んで批判の理由を述べてくれるでしょう。そしてこれらの情報がリーダーに溜まってきます。リーダーから一石を投じ、賛否両論、議論がわきおこり、**情報が集まれば、精査し、明確かつ高度な目標設定を短時間で立てることが可能です。**

POINT

プロジェクト成功には、測定や可視化が可能な目標をメンバーやステークホルダーと共有することが大切。そのために、リーダーはプロトタイプを提示し、議論を進め、情報を集めやすくする。

PROJECT LEADER

08

プロジェクト発足初期（プロジェクト立上げ時／計画時）は相手を知ることに注力

プロジェクトでは、立上げプロセスから、計画プロセスの終わりまでにプロジェクトチームのメンバーが決まります。**実行プロセスからは、いよいよチームメンバーとともにプロジェクトを開始することになります。**この段階でほとんどの場合、ステークホルダーも特定されていることでしょう。

本書の冒頭（14ページ）で私は、「リーダーシップを発揮するための計画を事前に作ったことはありますか？」と問いました。「成果物の達成に特化した計画は立てるが、それを成し遂げるのに必要なリーダーシップを発揮する戦略や、そのための計画を立てたことはない」という方がほとんどではないでしょうか。

皆さんの多くは、リーダーシップを強化したい、効果的に発揮したいと考えていると思います。**リーダーシップの計画策定の重要性を、この機会にぜひ頭に入れてください。**

◉計画プロセス終了までにWhomとHowを個別化する

16ページからの説明で、「リーダーシップの5W1H」がリーダーシップをより効果的に発揮するための基本となる計画書であると紹介しました。この5W1Hは段階に応じて、より具体的な5W1Hを書き込んでいくことが必要です。

計画プロセスの終わり頃になると、メンバーやステークホルダーがより明確になり、5W1HのWhomとHowをさらに具体的に策定できるようになります。

プロジェクトの立上げ時には、「Whom」には、「営業担当」「技術担当」「サプライヤ」「経営者」といった役割を書く場合がほとんどです。なぜならば、まだ具体的なメンバーも決定していない、ステークホルダーも特定されていないことがほとんどだからです。

しかし、計画プロセス終了時には、例えば「営業担当 田中」「技術担当 山田」「サプライヤA社担当 佐藤」「担当執行役員 山下」などメンバーやステークホルダーが決まり、より明確に記述することができるようになります。

プロジェクトの流れ

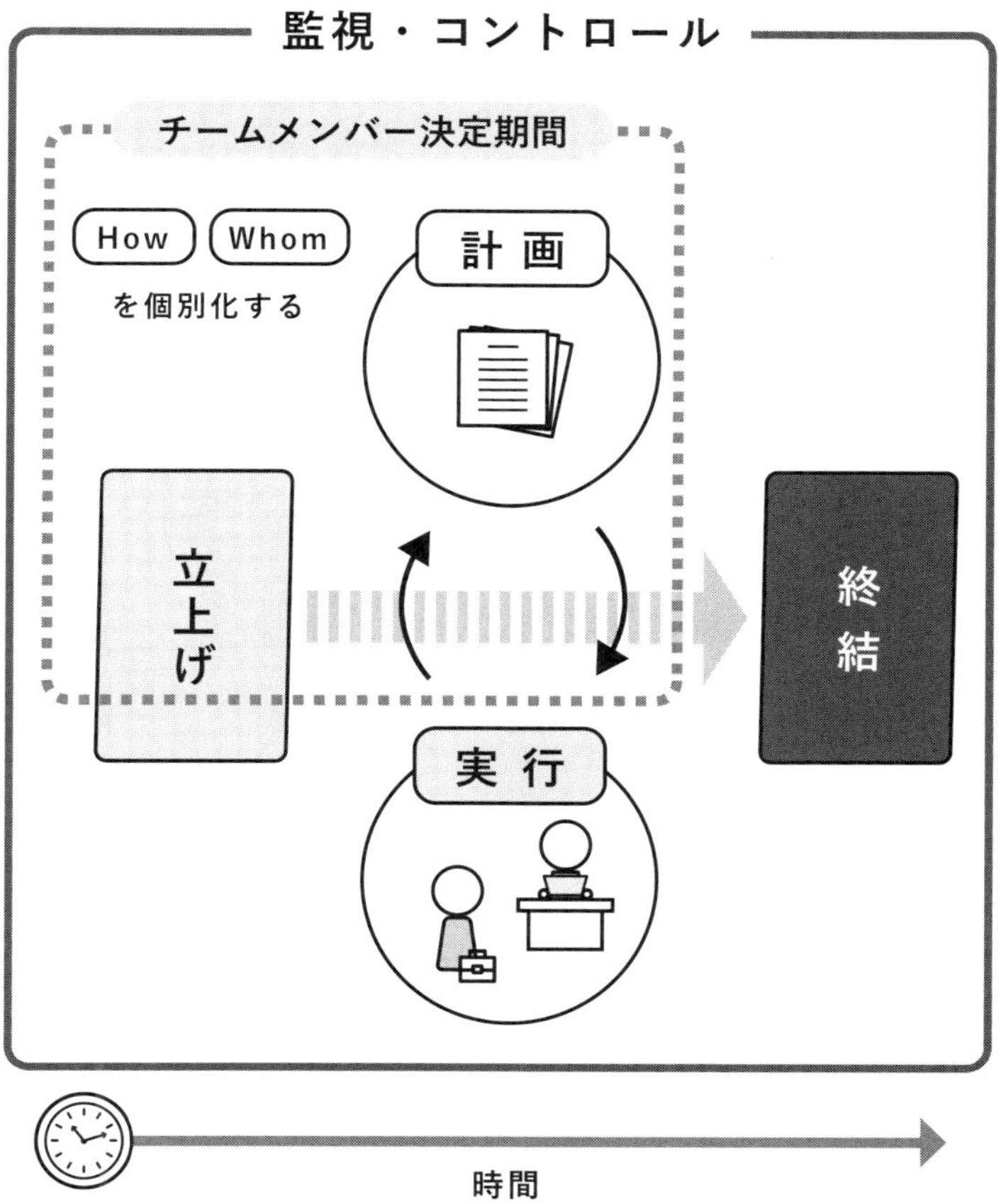

次にHowの部分。**プロジェクト立上げ時には、プロジェクトメンバーやステークホルダー全体への包括的なHowが策定されるのがほとんどです。**なぜなら、立上げ時には具体的なメンバーやステークホルダーが特定されていないからです。

計画プロセスが終わりになるにつれ、具体的なメンバーやステークホルダーが特定されると、Howの記載に何か「しっくりこない」ものを感じるかもしれません。これは**リーダーシップを発揮する相手のことを知ると、包括的Howから個別的Howに調整が必要になってくるためです。**

例えば、

「立上げ時には、プロジェクト全体としては指示的なリーダーシップを発揮しようと考えたが、その後、技術担当の山田さんと対話し、山田さんは経験も豊富でモチベーションも高そうだということがわかった。山田さんに対しては協力的リーダーシップを用いたほうがいいだろう」

といった具合です。後ほど詳しく紹介しますが、ここで策定したHowが、リーダーシップに特化したステークホルダー管理表になっていきます。

■飲み会や食事会を利用して「ヒト」を知る

プロジェクトの立上げ時や計画時では、多くのステークホルダーやメンバーと接します。最初は主に、目標達成のための成果物に関するコミュニケーション、いわゆるビジネスや活動に特化したモノやコトについての話題が中心でしょう。

しかしこの時にぜひ「ヒト」のを知ることに力を注いでください。モノやコトの議論をしながら、相手の考え方や技術レベル、経験を把握するのでも良いですし、食事や休憩時間（非公式コミュニケーション）に話をするのでも構いません。

まず**「相手を知る」ことがとても重要であり、それを計画プロセス終了までにできるだけたくさん行っていただきたいのです。**特に非公式コミュニケーションでは、仕事から離れることで、相手の人間性や指向性などまで知ることができます。

例えば、メンバーで飲み会や夕食に行ったとしましょう。

リーダーが「皆さんの好きなものを注文してください」と言うと、誰が何を注文するのか、その意思決定度合いを把握できます。さらに、「今日私は肉が食べたいです。皆さん肉にしませんか？」と意思決定をしてから同意を求める人なのか「皆さんは何を食べたいですか？」

とファシリテーションしてから意思決定をする人なのか、その人の意思決定のプロセスもわかります。食事中に誰と誰がどんな話をしているのか、発言の割合はどうか（聴くスタイルか、率先して話すスタイルか）なども見えてきます。

リーダーシップは、パソコンや机などのモノではなく人に対して発揮します。**リーダーシップを発揮する相手が必ずそこにいます。だからこそ相手を知り、相手に合ったリーダーシップを発揮する必要があるのです。**

■相手の特性を知り、相手に合わせたリーダーシップを考える

これからご紹介するゲームをチームで実施してみると、より「相手を知る」ことの重要性が体感できると思います。

この例では、ファシリテーター（または講師）1名、リーダー役1名、メンバー役1名の構成になっています。

①ファシリテーターは4つのメンバー「傾向」を事前に紙に書いて用意しておきます。

例えば「目が見えない（仕事の現実を見ない）」、「耳が聞こえない（仕事で人の話を聴かない）」、「動きがとても遅い（仕事が遅い）」、「動きがとても早い（仕事がとても早い）」などです。

②ファシリテーターはその紙を裏返し、メンバーに１枚選択してもらいます。そしてファシリテーターはメンバー役にその「傾向」を演じるように依頼します（この説明の際、リーダー役には聞かれないように、席を外してもらいます）。

③ファシリテーターからリーダー役に、プロジェクトのミッションを伝えます。

例：「Ａ４の紙10枚でボールペンを乗せても倒れない自立するタワーを10分で作りなさい。ただし、作業はメンバーのみが行い、リーダーは作業してはいけません」（この説明の際、メンバー役には聞かれないよう、席を外してもらいます）

④ゲームスタート

ゲームが始まると、まずリーダー役がメンバー役に対して、ミッションの説明を一生懸命にするでしょう。しかし、実際に作業に入るとリーダーは「あれ？」と思うのです。

例えば、メンバーが「目が見えない（仕事の現実を見ない）」傾向を演じていれば、Ａ４

の紙が見つけられないかもしれません。「耳が聞こえない（仕事で人の話を聴かない）」傾向なら、リーダーがいくら説明しても、すべて無視されたような状態になるでしょう。また、「動きがとても遅い（仕事が遅い）」に、リーダーはイライラするはずです。一方、「動きがとても早い（仕事がとても早い）」なら、自分の指示が終わらないうちから着手してしまい、あたふたしてしまうかもしれません。

このような状況下でゲームのミッションを達成させるためには何が必要なのでしょうか。第一に、「相手を知る」ことです。相手はどういう人なのかを知らなければ作業は進みません。第二に、「知った上でどうすべきか」という方策を考え実行しなくてはなりません。つまり、**リーダーシップは、「相手によって変える」必要があるのです。**

普段から、多角的に相手を把握するのが望ましいのですが、まずは、**技術、知識、経験、モチベーション、信条、価値観、単独プレー・チームプレーどちらが得意か、コミュニケーションが取りやすい手段などについて注目してみましょう。**

■自分からオープンにすることで相手のことを聞き出す

ただし、相手に直接聞くのは、なかなか難しい場合があります。仕事や飲み会などで話をする機会はあるでしょうが、「あなたが仕事で大切にしていることは何ですか？」など信条や価値観については、直接聞きにくいのではないでしょうか。

そのような時のために、２つの方法を紹介します。

▼①OPENNESSを活用

例えば、計画策定時に、「これで計画書は一通りそろいましたね。私はプロジェクトではスケジュール管理を一番大切にしているのですが、山田さんは何を一番大切にされていますか？」などと聞きます。

山田さんが「私はコストですね」と回答したとしましょう。その後に「コストも確かに重要ですよね。でもなぜ山田さんはコスト管理を一番大切にされているのですか？　何か理由や過去の経緯などあるのですか？」などより深く聞いていきます。

▼②仮説を立てる

これは、対話で聞き出すのが難しい場合などに活用します。

例えば、会議でプロジェクトオーナーの田中さんが「リスク」ばかり気にしていたとします。しかし、なぜリスクばかり気にしているのか聞けないとしましょう。仮にその理由を「プロジェクトの失敗が自身の評価につながっている可能性」「過去のプロジェクトで大きな失敗をしている可能性」などと設定しておきます。

今後、より関係構築が進むにつれて、相手がどうしてリスクに敏感になっているのかわかるかもしれないので、それまで「仮」で進めるのもアリです。

なお、**人は置かれた状況や環境で変わっていくものです。「相手を知る」ことはプロジェクト終結まで続き、常にアップデートしていくものなのです。**

POINT

立上げ、計画段階では相手を知ることに注力。よく観察し、聞き出すことから、個別のリーダーシップを構築する。

PROJECT LEADER

09 条件適合理論
――リーダーシップにはいろいろな型がある

置かれた状況によってさまざまなリーダーシップスタイルを利用する条件適合理論（41ページ）について簡単に説明しましたが、この理論にもさまざまな論点があります。80ページで**５Ｗ１ＨのＨｏｗには、プロジェクト全体のリーダーシップに関わる包括的なＨｏｗと、相手を知った上での個別のＨｏｗがある**と説明しました。条件適合理論にからめて、どう使い分けるのかを解説していきます。

■「指示的」「協力的」リーダーシップ方法を使い分ける

プロジェクト全体の包括的なリーダーシップの場合、**「指示的リーダーシップ」と「協力的リーダーシップ」を使い分けたほうが良い**でしょう。**「指示的リーダーシップ」**は、リーダーが自ら率先して意思決定し、それをメンバーやステークホルダーが実行できるように指示する傾向のリーダーシップです。一方、**「協力的リーダーシップ」**は、メンバーやステークホルダーを中心とし、その人たちの意見や考えをファシリテートしながら結論に導き、意思決定するリーダーシップです。

皆さん、次の状況をイメージしてみてください。

①オフィスで火災が発生
②スケジュールに余裕のある旅行

①は、10名ほどで会議をしている時に火災が発生した状況です。この場合、「非常階段へ移動して！」「口を覆って！」と指示するリーダーシップが最適でしょうか。それとも「火災が発生しています。みんなでどう避難するか考えましょう。伊藤さんはどう思いますか？」と協力的なリーダーシップをとるのが最適でしょうか。

答えはもちろん指示的なリーダーシップですよね。協力的なリーダーシップでは、逃げられなくなるかもしれません。緊急時に協力的なリーダーシップは不相応で、「何でこんな緊急事態に議論してんだ！　そんなことしていられない。自分で逃げる」となります。

②では、10名ほどでのんびりと南の島でバカンスを楽しんでいます。その際「後10分でレ

ストランに移動！」「みんなバスに乗って！」と指示するリーダーシップが最適でしょうか。それとも「今日ランチ何時からにします？　伊藤さん何が好きですか？　移動はバスにします？　タクシーがいいですか？　田中さんどう思います？」と相談しながら決める協力的リーダーシップが良いでしょうか。

答えはもちろん協力的なリーダーシップですよね。時間に余裕がある中で、指示ばかりしていると「何でこの人仕切ってるんだ？　何焦ってるんだ？」と好意的に思われないでしょう。

以上は極端な例ですが、**プロジェクトの現場では、類似した状況が発生しリーダーシップが発揮できていない場合が多々あります。**例えば、①に似た状況だと、プロジェクトにトラブルが発生し、即時の対応が必要なのに、リーダーがメンバーやステークホルダーの意見を集めるのに時間をかけてしまっているなどです。

こういった緊急トラブルでは、即時に意思決定し「伊藤さんは○○の対応を来週水曜日までにお願いしたいです。大久保さんは○○を今週の金曜日までに対応いただき、その結果がわかり次第私に教えてください」などと指示すべきでしょう。

②では、プロジェクトの立上げや計画プロセスの段階で、リーダーがメンバーやステークホルダーの意見をまったく聞かず、すべてを策定してしまう状況などがあります。さらに何

の相談もないまま、「今回のプロジェクトの要求事項は○○です。伊藤さんは要素成果物のNo.2000〜2110までを20XX年11月末までにお願いします」などと指示を出してしまうようなケースです。

プロジェクトの立上げ時や計画時などは、まだ「計画を作っている段階」ですので、スケジュールや手法・手技などに調整の余地があります。その中でリーダーが一人で考え、決断してしまうと、メンバーには「やらされ感」や、「何で勝手に決めているのか」「自分だけで決めるのであれば自分でやればいいのに」といった気持ちが芽生え、モチベーションの低下につながってしまいます。ステークホルダーからは、「報告・連絡・相談ができていないリーダーに任せて良いのか」と思われてしまうかもしれません。

プロジェクト全体の包括的なリーダーシップにおける条件適合を考える上では、**プロジェクトのどのプロセスで指示的・協力的のどちらのリーダーシップを使うのか、どのような状況でどちらのリーダーシップを使うのかを事前に考え、戦略を立てておきましょう。**

■個別メンバーへのリーダーシップには、4つの「型」がある

ここでは**「ＳＬ理論」**（Situational Leadership Theory）を紹介します。ＳＬ理論では、リーダーシップの「型」が４つあります。それは、「Directing（指示型）」「Coaching（コーチ型）」「Supporting（支援型）」「Delegation（委任型）」です。それぞれ型を見ていきましょう。

▼Directing（指示型）：リーダーがメンバーに対し具体的な指示を与えます。タスクの目標・期限・達成までのプロセスなど、すべてを指示します。さらに仕事を達成するまで監視・コントロールします。

例えば、プロジェクトの中でサプライヤ選定が必要だったとします。それをメンバーの田中さんに担当してもらうとすると、次のような指示になります。

「田中さん、プロジェクトのＡの成果物はサプライヤと契約し、完成を目指します。そのためにまず、サプライヤ選定が必要です。社内のルール上、最低３社のサプライヤを選定し、提案書を提出してもらい、どのサプライヤにするかを最終決定しなければなりません。

田中さんにはまず、Ａの技術を持った会社をインターネットで検索し、最低10社の情報をエクセルシートにまとめ、○月○日までに私にメールしてください。そのデータを見て私が３社を選定します。10社の情報は、社名、住所、資本金、ＵＲＬ……などの項目をまとめてください。私も田中さんの仕事の進捗を確認しますが、困ったことがあればいつでも相談ください」

▼Coaching（コーチ型）：指示型と同じく、リーダーがメンバーに対して明確なタスクの目標・期限・達成までのプロセスなどを指示しますが、相手の提案を引き出すようなスタイルです。

先ほどの例で説明すると、次のようにスタイルが変化します。

「プロジェクトのAの成果物はサプライヤと契約し、完成を目指します。そのためにまず、サプライヤ選定が必要です。社内のルール上、最低3社のサプライヤを選定し、提案書を提出してもらい、どのサプライヤにするかを最終決定しなければなりません。最低10社の情報をエクセルシートにまとめ、○月○日までにそのデータを私にメールで送信してください。そのデータを見て私が3社を選定します。10社の情報ですが、社名、住所、資本金、URL……などの項目をまとめてください。

田中さんに聞きたいのですが、これらの情報はどうやって調べるのが効率的だと思いますか？　また情報の項目ですが、サプライヤを選定するにあたり、この情報も入れたほうがいいのではないかというものはありますか？」

指示型よりも相手に考えてもらう領域を増やしています。コーチ型も、指示型のように監視・コントロールを行います。

▼Supporting（支援型）：コーチ型よりも相手に考えてもらう範囲を増やし、支援するスタイルです。

明確なタスクの目標や期限は明示しますが、そのプロセスや手法・手技は相手に決めてもらうように促します。

「田中さん、プロジェクトのAの成果物はサプライヤと契約し完成を目指します。そのためにサプライヤ選定が必要です。社内のルール上最低3社のサプライヤを選定し、提案書を出してもらい、どのサプライヤにするかを最終決定する必要があります。決定は○月○日です。」

などと、まず目標や期限を明示します。続いて、

「3社を決めるために何社ぐらいをリストアップすれば良いと思いますか？」

「3社に選定した上で、1社に最終決定するにあたり、どのような情報をまとめれば良いと思いますか？」

「○月○日にサプライヤを最終決定したいのですが、どういうスケジュールで進めたら良いですかね？」

などと、相手から意見を引き出します。つまり、意思決定をリーダーとメンバーとで一緒

に行っていくスタイルです。

▼Delegation（委任型）：リーダーはタスクの目標や期限だけ明示し、それ以外のプロセス、課題解決などの意思決定をすべてメンバーに任せます。

「田中さん、プロジェクトのAの成果物はサプライヤと契約し完成を目指します。社内のルールに準拠し、サプライヤを決定します。最終決定は○月○日です。このタスクを田中さんにお願いします。課題があればいつでも相談ください」

というスタイルになります。なお、これはタスクの「丸投げ」ではありません。「何かあればいつでも力になる、いつもそばにいる」というスタンスです。

POINT

プロジェクトのリーダーシップには「指示型」「協力型」がある。メンバーに対しては、「指示型」「コーチ型」「支援型」「委任型」を使い分ける。

PROJECT LEADER

10 各自のコンピタンスとコミットメントをはかり、「型」を用いる

前項で、リーダーシップには４つ型があると説明しました。それを理解した上で、どうやって個別の相手に最適なリーダーシップスタイルを選択すれば良いのでしょうか。**その答えは、タスクに対する相手の「コンピタンス」と「コミットメント」にあります。**

「コンピタンス」とは日本語で能力や力量を表しますが、もう少し深掘りすると、タスクに対して十分なスキルがあるか、知識はあるか、経験はあるかなどを考慮した力量です。**「コミットメント」**とは日本語で約束や責任、専念などと訳し、タスクに対して十分な責任感があるか、タスク完了への意思（約束度合い）が高いかを見ます。また、コミットメントをタスク達成までのモチベーションの高さで見る場合もあります。

このコンピタンスとコミットメントの両軸で相手をはかり、適切なスタイルを選択していきます。次に紹介する組み合わせは、コンピタンスとコミットメントの度合いで適切なスタイルがどれかを表したものです。例えば「コンピタンス「低」／コミットメント「低」のメ

ンバーへは、指示型のリーダーシップを用いる」というふうに見ます。

・コンピタンス「低」／コミットメント「低」：**指示型**
・コンピタンス「低」／コミットメント「高」：**コーチ型**
・コンピタンス「高」／コミットメント「低」：**支援型**
・コンピタンス「高」／コミットメント「高」：**委任型**

▼新人や、初めて仕事に携わるメンバー→指示型

例えば、皆さんが新入社員の頃、または初めて新しい仕事をした時、何をすれば良いのかがわからなかったのではないでしょうか。仕事の内容や手法・手技もわからないため、前向きさはあるが仕事に対するコミットメントも何も判断できない状態だったでしょう。

このような時が、コンピタンス「低」／コミットメント「低」の時です。この状態の時にリーダーから「後は任せます」（委任型）と言われても、「丸投げですか？」となります。とはいえ、「目標は○○なのですが、どうすればスムーズに運ぶと思いますか？」（コーチ型や支援型）で意見を求められても、「そんなこと聞かれても……」と感じるでしょう。

つまり、新人や初めて仕事をするメンバーにとっては、指示型のリーダーシップスタイル

が最適ということです。

▼仕事に慣れてきてやりがいを感じ始めたメンバー↓**コーチ型**

では次に、入社３年目前後の頃を思い出してみてください。コンピタンスはまだ低いものの、仕事に慣れてきてやりがいを感じ始め、コミットメントが高まってきた状態です。上司が相変わらず新入社員の時のように、目標や期限、目標達成に至るプロセスを事細かく指示したらどう感じるでしょうか。「まだ新人扱いかよ」「何も決めさせてもらえない」などとモチベーションが下がってしまうかもしれません。

こういう状態なら、**リーダーはコーチ型にスタイルを変え、相手が徐々に意思決定できるようにコンピタンスの向上に努めたほうが良いのです。**同時に、相手の意思決定の領域を増やし、モチベーションの維持・向上を目指すようにします。

▼仕事のスキルがアップし知識も経験もあるが、仕事に対するモチベーションが低いメンバー↓**支援型**

では、入社5年目から10年目頃はどんな状態でしょうか。自身のスキルが高まり、特定のタスクについては十分にコンピタンスが高まってきていると思います。

しかし、高いモチベーションを常に維持するのが難しい時もあります。例えばタスクの難易度とコンピタンスの不一致によって、コンピタンスが高いのに、モチベーションが低くなることもあります。

まず、同じ難易度のタスクに対し、コンピタンスが高いにもかかわらずモチベーションが低下している相手に対するリーダーシップスタイルを考えてみましょう。こうしたメンバーは、次のような心理が考えられます。

- **タスクに対して自分で責任を持って単独でやってみたいけれど、できないので自信がない**
- **周囲は自分のスキルを認めてくれているが、アウトプットに自信が持てない**
- **同じ難易度のタスクに飽きてしまった**

相手はすでにコンピタンスを有しているわけですから、リーダーは、コミットメントを再び高めるように促す必要があります。**特定の難易度のタスクに対し、自ら責任を持って意思決定をすることに喜びを感じるように、またアウトプットに自信を持てるように導き、**期日までに目標達成ができる、いわゆる「巣立ち」を支援するのです。

最終的にメンバーがコンピタンス高く、コミットメントの高い状態になれば、メンバーを信用し、委任型にリーダーシップに切り替えることができます。

■全メンバーに「委任型」を実施できるように、状況を判断する

ここからSL理論を現場でのリーダーシップで活用するための重要ポイントを3つお伝えします。

▼①最終的に、「委任型」のリーダーシップを目指す

プロジェクトの規模が大きくなればなるほど、メンバーの数は多くなります。すべてのメンバーのコンピタンスが低く、コミットメントが低い状況でずっと「指示型スタイル」をとるのは現実的ではありません。

リーダー自身のリソースは限られており、仕事の時間も限られているからです。**限られたリーダーのリソースの中で、プロジェクトの成功のため、メンバーの成長を支援し、育成していかなければなりません。**

具体的には「指示型」→「コーチ型」→「支援型」→「委任型」でメンバーの成長を支援していきます。プロジェクトマネジメントでは「チームの育成」がとても重要となりますが、

ＳＬ理論による４つのリーダーシップのスタイル

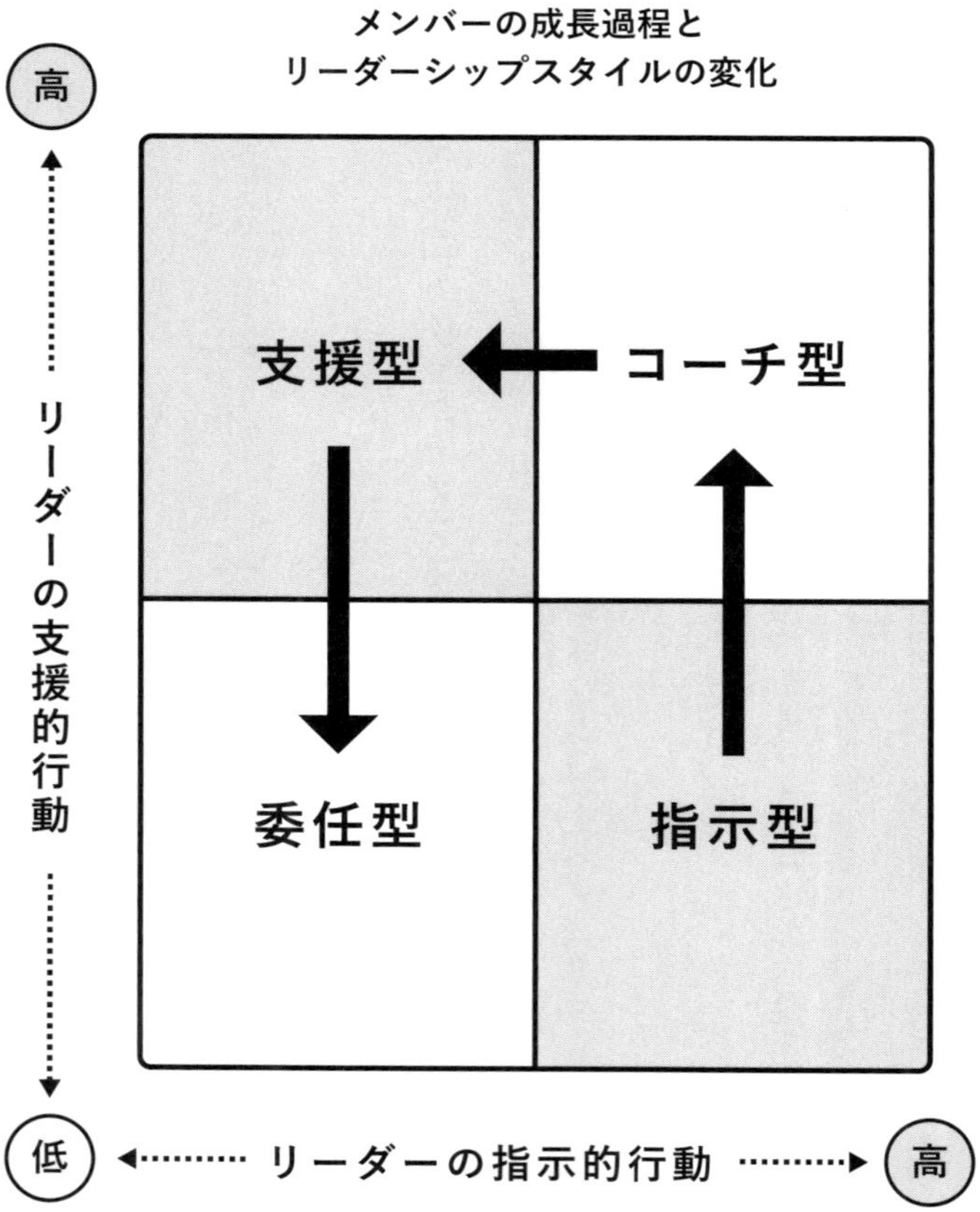

その一環としてＳＬ理論が活用できます。

▼②人のコンピタンスとコミットメントは機械的に測れない

条件適合理論でリーダーを悩ませることのひとつに、リーダーシップスタイルをどのタイミングで変更すればいいのかわからないということがあります。

まず、「明日から支援型に変更する」というデジタルな感覚は捨てましょう。**「指示型」→「コーチ型」→「支援型」→「委任型」は〝シームレス（つなぎ目がない）〟と考えましょう。**

そして、メンバー個人をしっかりと見つめ、把握し、徐々にスタイルを変更します。

例えば、指示型からコーチ型に変更する際、指示の内容のひとつをメンバーと一緒に考えます。そのうちにメンバーの提案が多くなってきたらコーチ型に移行するのです。一方、コンピタンスが高いのにコミットメントが低くなってきたら、支援型要素である意思決定権をメンバーに委ねてみるのです。

もしリーダーシップスタイルの移行がうまくいかなければ、一度、スタイルを元に戻すのもいいでしょう。３歩進んで２歩下がることがあるかもしれませんが、**確実にメンバーが成長できるようにリーダーシップを発揮していくことこそ、リーダーの役割なのです。**

▼③さらに高度なタスクを任せる場合は「指示型」から始める

たとえ「指示型」→「コーチ型」→「支援型」→「委任型」のプロセスが完了したとしても、終わりではありません。実は「委任型」というのは「特定の難易度のタスク」だから委任できることがほとんどだからです。

例えば、WBS（Work Breakdown Structure）の特定のタスクを委任できたとしても、そのタスクが含まれる要素成果物、もしくはワークパッケージをすべて委任はできません。要素成果物もしくはワークパッケージの完了のほうが難易度が高いからです。

あるタスクの完了を委任したメンバーに、次のステップとして要素成果物もしくはワークパッケージの完了を任せる場合、もう一度指示型スタイルから進める必要があります。つまり、**プロジェクト成功のためのチームメンバーの育成は「指示型」→「コーチ型」→「支援型」→「委任型」→より高度なタスク→「指示型」……というループだと考えてください。**

■リーダーシップスタイルを明示し、公正に接する

ここで、皆さんが条件適合理論を実践した際、必ず遭遇すると思われる状況への対処法をお伝えしておきます。

まずはプロジェクト全体の包括的なリーダーシップの場合です。リーダーはプロジェクトの「その時」の条件や状況に応じて適切なリーダーシップスタイルを実践するのですが、メンバーは、「温厚で協力的なリーダーが、急に厳しく指示的になった。人が変わったみたい」と感じることがあるかもしれません。

メンバーからこのような意見が潜在的に発生する、または顕在化するのは、自分のリーダーシップスタイルをメンバーに伝えていないためです。まず、**リーダーとしての5W1Hを策定し、メンバーに対してはOPENNESSで自分のリーダーシップスタイルを最初に伝えましょう。**

例えば「本プロジェクトで緊急事態や時間的に厳しい状況になった際は、申し訳ないですが、私から具体的に指示をします」などと事前に伝えておくのです。

次に個別のメンバーへのリーダーシップにおける条件適合です。個々のコンピタンスやコミットメントを考慮するSL理論を実践すると、メンバーから「平等に扱ってくれない」という不満が出ることもあります。これも**自分のリーダーシップスタイルを明示していないことが要因にあるのですが、この時、自分の「想い」「マインド」を伝えるのも重要です。**

そもそも「平等」とは何でしょうか。簡単にいえば「差別がなく皆、一様に等しいこと」

となります。例えば、メンバー個々に成長の機会を与えることは平等でなければなりません。

しかし、ここからが重要です。実際のプロジェクトの現場で平等に（一様に等しく）個々のメンバーと接したらどうなるでしょうか。

すでに述べたように、人はそれぞれ独自の存在です。独自の存在であるメンバー個々に、同じ接し方をしたら、ある人は成長するかもしれませんが、ある人は成長しないかもしれません。**同一の接し方が、ある人には合うが、ある人には合わないからです。**

ＳＬ理論は、「平等」よりも「公正」の概念が強いと認識してください。

では「公正」とは何でしょうか。簡単にいえば「かたよりがなく正当なこと、公平で正しいこと」であり、義務履行の結果として、平らであるという概念です。

例を挙げましょう。ある家族にはお父さん、お母さん、３歳の子供がいたとします。家族でファミリーレストランに食事に行き、席に通され、皆と同じ席に着き、食べたいものを注文して料理が全員分届きました。これが平等です。

しかし、３歳の子供はテーブルの上まで手が届かず、食事を食べにくそうにしています。そこで、ご両親が店員を呼び、子供用の椅子をお願いしました。これでテーブルが高いことによる食べにくさは解消しました。いざ食べようとすると、箸《はし》しかなく、子供は食べにくそうです。そこでご両親は子供用のスプーンとフォークをお願いしました。これでお父さん、お母さん、子供は食事を履行できるわけです。これが「公正」です。

つまり、プロジェクトでのリーダーシップでは平等な機会を与えることを前提に、公正に接しなければならないのです。なぜなら人それぞれがオンリーワンの存在だからです。「平等に接してくれない」という不満については、まず「平等」の機会を与えること、しかし一**人ひとり特徴が異なるため、特徴に合わせ皆がそれぞれ成果を出せるように、「公正」に接すること、を伝えておく必要があるのです。**

■メンバーの変化に応じて臨機応変にリーダーシップを変える

相手に公正に接する方法がわからないとお考えでしょうか。実は、皆さんは日々の生活で自然に実行しています。

例えば、家族の中でも、赤ちゃん、自分の親、自分の祖父や祖母でコミュニケーションの方法を変えていませんか？　相手に合った接し方をしているはずです。リーダーシップも同じで、相手をよく理解し、相手に合ったコミュニケーションをしていけばいいのです。

ここまで具体的に、プロジェクト全体のリーダーシップ、メンバー個々に合わせたリーダーシップを説明してきました。重要なのは、**「条件や状況に合わせてリーダーシップを変える」**ということです。

指示・命令を出すだけがリーダーの役割ではありません。状況を見て指示・命令・協力・支援を使い分けていくのです。皆さん誰でも、状況や条件を察して、自分の行動やコミュニケーションを自然に変えています。あなたは、臨機応変に対応できる感性や感覚、能力はすでに持ち合わせています。それなのに、仕事でできなくなる理由は「リーダーシップは○○であるべきだ」という固定観念があるからです。

リーダーシップは相手がいるから発揮できるものです。**相手を常に見て、相手が置かれている状況や状態に着目して、リーダーシップスタイルを柔軟に変化させていきましょう。**

POINT

リーダーシップを発揮するには、メンバーのコンピタンス、コミットメントをはかった上で、状況の変化に応じてスタイルを変化させる必要がある。

PROJECT LEADER

11 リーダーシップに特化したステークホルダー管理表を作る

リーダーとしての５Ｗ１ＨのHowを埋める過程で、**個別のメンバーやステークホルダーへのリーダーシップが詳細化されてきたら、「リーダーシップに特化したステークホルダー管理表」を作成しておきましょう。**

最初にお伝えしておきますが、このステークホルダー管理表は１回作って終わりというわけではありません。すでに述べたように、プロジェクトを取り巻く状況、メンバーの考え方などは変わります。少なくとも１カ月に１回は見直し、修正し、適宜リーダーシップ戦略を最適化することが重要です。

■コンピタンスとコミットメントのマトリックスを埋める

すでにプロジェクトを経験された方は、ステークホルダーの特定、ステークホルダー登録簿、ステークホルダー管理表などをまとめた経験、もしくはそれらを見たことがあると思います。ここでご紹介するのは、**これらのステークホルダー特定やステークホルダー登録簿・管理表を「リーダーシップに特化」して策定すること**です。

まず、ステークホルダー特定の技術を使って、ステークホルダーの状態をプロットしていきましょう。左ページの図をご覧ください。ここでは95ページで紹介したＳＬ理論の２つの軸を使います。

縦軸に「コンピタンス」を取ります。この軸にコンピタンスが「高い」と「低い」を設定します。

横軸には「コミットメント」を取ります。この軸にコミットメントが「高い」と「低い」を設定します。

この**４象限のマトリックスに各ステークホルダーをプロットします**。メンバー以外、例えばプロジェクトオーナーや経営者、サプライヤ、ＰＭＯのメンバー、関連部署などもプロットします。

ステークスホルダーの状態の把握

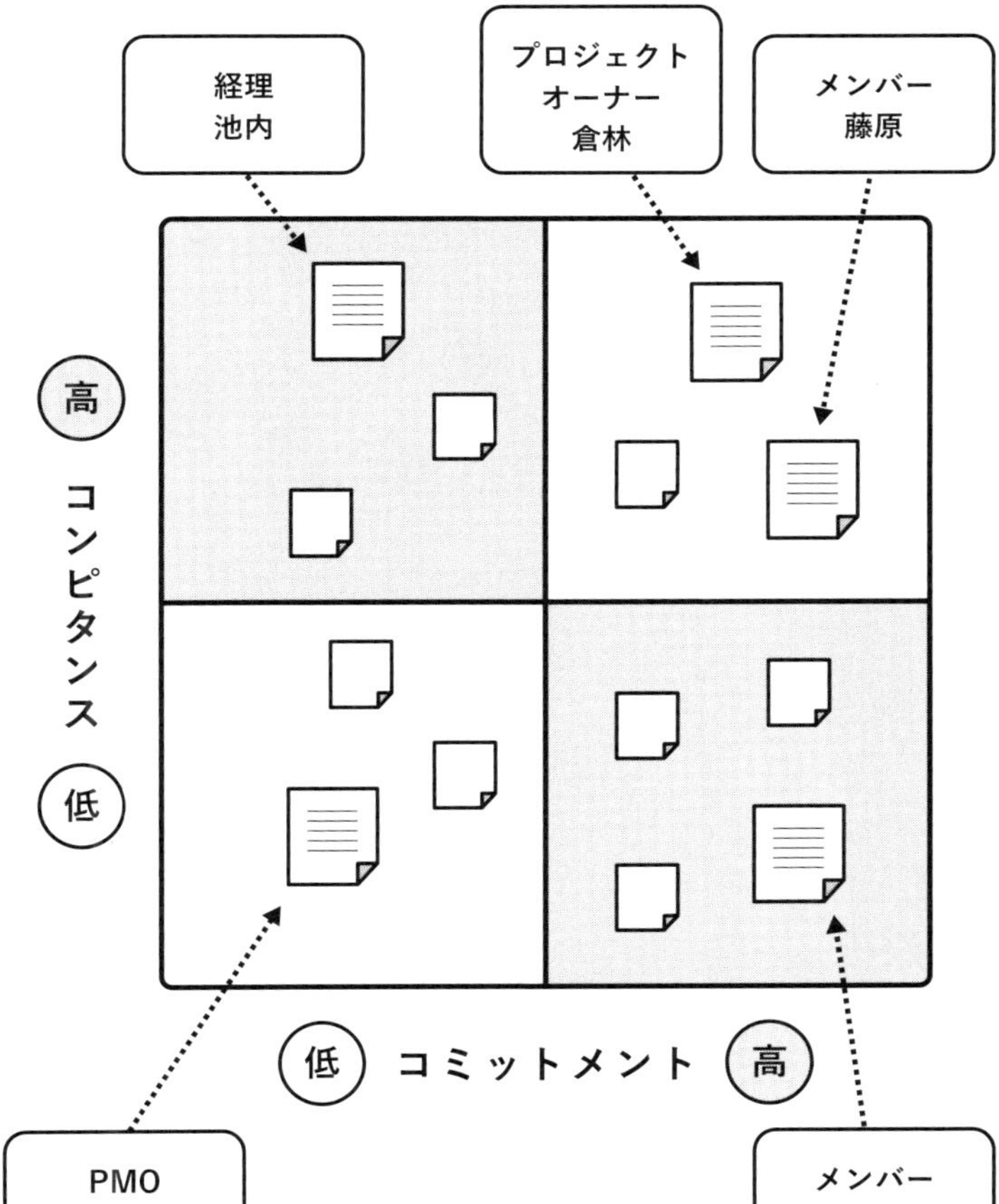

最初は難しいかもしれませんが、今一度「コンピタンス」と「コミットメント」の意味をご覧いただき（95ページ）、プロットしてみてください。

【コンピタンスとコミットメントを見るポイント例】

▼プロジェクトオーナー

〈コンピタンス〉
・プロジェクトオーナーの役割として十分なスキルがあるか
・知識や経験はあるか

〈コミットメント〉
・プロジェクトオーナーとして十分な責任感があるか
・役割を全うする約束度合いが高いか

▼関連部署（経理）

〈コンピタンス〉
・プロジェクトの担当経理として十分なスキルがあるか

・知識や経験はあるか

〈コミットメント〉

・本プロジェクトへの接点に対する十分な責任感があるか

・役割を全うする約束度合いが高いか

■フレームワークを使い、リーダーシップの思考を定着させる

ステークホルダー特定が終わったら、その情報を**リーダーシップに特化したステークホルダー登録簿またはステークホルダー管理表に記録**しましょう。

最低限設定すべき項目は、名前、部門、役職／役割、コンピタンスの高・低、コミットメントの高・低、リーダーシップスタイル、対応内容、です。

まず、名前、部門、役職／役割に基本情報を明文化します。

次にコンピタンスとコミットメントの高低について、プロットした情報を基に高低を明文化します。

続けて、リーダーシップスタイルにはＳＬ理論で紹介したスタイルを**個々のコミットメン**

対応内容
【基本情報】 ・プロジェクト経験豊富であり… ・合理的に決裁する。そのためにデータを重視し… ・公式の会議を重視。書面化されたデータを好み… etc. 【対応内容】 ・変更会議での決裁については決裁期日を明確に伝え、決裁までのプロセスは委任する。 ・日々のコミュニケーションは定期メール／週１回電話／定例会議での対面対話を重視する。 ・公式のコミュニケーションを基本とする。 ・意思決定のスピードを重視していただくように日々のコミュニケーションにてその要素を伝える。 etc.
【基本情報】 ・定常業務では10年の経験あり。プロジェクト参加は今回が初めてであり… ・プロジェクトへの参画を以前より希望しており、モチベーションやコミットメントは高い。自ら発言し社交的な性格… ・購買に関する知識は高く、さらに付随して契約関連の知識も有している。 ・現在保育園に通うお子様がいらっしゃり、長時間勤務は難しい。 etc. 【対応内容】 ・プロジェクト開始から１カ月間は調整・決定に関して３割程度を自ら提案してもらう。 ・非公式コミュニケーションを重視。夜はNG。ランチを週１回共にする。対面コミュニケーションを重視。 ・リスク観点について主にリードし… etc.
・・・・

トの高・低の条件に合わせ、「指示型」「コーチ型」「支援型」「委任型」のいずれかを設定しましょう。

そして、対応内容には直近で実施すべき個別のリーダーシップ戦略の詳細を記載します。その際、相手が置かれている状況や状態に着目し、個別のリーダーシップ戦略を策定します。

例えば、ある人に対して「コーチ型」を選択した場合、

・相手の特性・特徴の基本情報・現状何割ぐらいを提案してもらう形にするのか・適切なコミュニ

リーダーシップに特化したステークホルダー管理表の例

No.	名前	部門	役職／役割	コンピタンス	コミットメント	リーダーシップスタイル
1	倉林　和子	営業本部	執行役／プロジェクトオーナー	高	高	委任型
2	前田　典夫	購買グループ	メンバー	低	高	コーチ型
3	･･･	･･･	･･･	･･･	･･･	･･･

ケーション媒体（電話か会議体かメールか）・コミュニケーション形式（公式コミュニケーションか非公式コミュニケーションか）

などを記載しましょう。

このようなツールは、リーダーシップを発揮する人の思考を「フレームワーク（型）」として明文化したものです。まずは「型」を覚え、明文化することにより、「型」が皆さんそれぞれの「思考」になっていきます。

最終的にはこのフレームワークを使わずとも、ステークホルダー個々に合わせた適切なリーダーシップが発揮できるようになります。

最初は明文化に時間がかかり面倒だと思うかもしれませんが、リーダーシップを発揮している先人の思考を習得するという意味で、まずはツールを使って思考を養うことをお勧めします。

POINT

ステークホルダーの特徴を把握し、「ステークホルダー管理表」に記載する。まずフレームワークを覚え、思考を養う。

PROJECT LEADER 12

ステークホルダーやメンバーの力を最後まで信じる

今まで、プロジェクトのリーダーから、いろいろな悩みを聞きました。その中でよく聞かれたのが、

・「思ったように動いてくれない」
・「協力してくれない」
・「自分だけが頑張っている」
・「理想的なメンバーが集まらない」

というステークホルダーやメンバーに対しての悩みです。

こうした悩みを解決するための効果的な手法を教えてほしいという相談もあります。私もこうした悩みはよくわかりますし、本書でもそれを解決するためにあらゆる視点や手法を紹

介します。

しかしその前提として、**「なぜリーダーシップを発揮する必要があるのか」を今一度確認しておきたいと思います。**

■目の前のメンバーの力を最大限引き出すのが、リーダーの役割

皆さんが成し遂げるべき目標が、あなたの力だけで達成できるのであれば、一人でやるほうが合理的です。しかし、自分だけでできるコトには限界があります。知識・技術・時間など自分だけではリソースに限界があるからです。

ビジネスの現場では、より多くの価値を創造し、それを世の中に提供するために、自分だけではなく、多くの人々の力を借ります。それが組織やチームというカタチになり、皆さんが成し遂げたい目標に「力を貸してくれている」のです。つまり、**より大きな目標を成し遂げていくには「チーム」が必要なのです。**

チームの中には多様なメンバーが存在しますから、自分に足りない知識や技術、観点を補完してくれます。この観点からもう一度、先ほどのリーダーからの悩みを見てみましょう。

・「思ったように動いてくれない」・「協力してくれない」・「自分だけが頑張っている」

勘が鋭い方は気づかれたと思います。これらの悩みのほとんどが、「自分本位の視点」から出ている悩みではないでしょうか。

わかりやすくいえば、まだチームとしてのリーダーになっていないのです。**リーダー自身がまずチームの一員となり、そしてチームの目標達成をリーダーとして目指す必要があります。**

・「理想的なメンバーが集まらない」

確かに要件設定したような知識や技術、人間性のメンバーが集まることは理想ですし、それに向けてリーダーは、メンバーを探す必要があります。しかし、理想と「完全一致」するチームメンバーがそろうことはありません。プロジェクトのメンバーが事前に決まっていたり、決められていたり、メンバーを探したとしても理想のメンバーは見つけられないのがほとんどです。

現実的には、時間、環境や状況を考慮し、協力してくれるメンバーと、それぞれの経験・

知識や技術・視点、人間性を活用しながら、目標を達成することが重要なのです。**今ある条件で目標達成するために「やりくり」するのがリーダーシップの要素でもあるのです。**

●チームビルディングの最終形は「シナジーチーム」

チームビルディングにおけるリーダーシップの役割をお伝えしましょう。

結論から申し上げると、**チームビルディングにおけるリーダーシップの役割は「リーダーを不要にすること」です。**59ページで、チームは「成立期」→「動乱期」→「安定期」→「遂行期」→「解散期」という時期を経るというタックマンモデルを紹介しましたが、もう少し俯瞰してチームが目指すべき方向性を説明します。

まず、チームとは何でしょうか。

チームと同じような言葉に「グループ」というのがあります。どちらも複数の人がいる状態です。複数の人がいる状態としては「群衆」というものもあります。例えば複数の人がいる野球を例に挙げると、なぜ野球では「野球チーム」と言い、「野球グループ」や「野球群衆」といわないのでしょうか。これはサッカーでもそうですし、プロジェクトでもそうです。なぜ「サッカーグループ」「プロジェクトグループ」「プロジェクト群衆」といわないのでしょうか。

例えば東京・渋谷のスクランブル交差点を思い浮かべてください。「群衆」は、人が複数いる状態。スクランブル交差点に人々がいる状況です。その中で、例えばハチ公前などで人が「集まっている状態」が複数見られると思います。それが「グループ」という概念です。つまりグループとは「目的・目標の有無にかかわらず人が集まっている状態」です。

しかし、**「チーム」は、「複数の人が共通の目標を有している状態」です。**野球やサッカーでは優勝や勝利という共通の目標を有しているため、「チーム」を使います。**プロジェクトでもプロジェクトの共通目標を有しているからこそ、「チーム」を使います。**

では、チームの究極の姿とは何でしょうか。

それは、相互補完関係で目標達成を目指す姿です。これは、**メンバー同士の高度な信頼関係が実現され、各メンバーが目標達成のために自分は何をすべきかを能動的に考え実行している状態です。この状態を「シナジーチーム」と呼びます。**

「シナジーチーム」はメンバー各自が能動的に考え、目標達成に向けて行動するため、結果としてリーダーが不要になるのです。

ここまでになるのはとても難しいことですが、チームビルディングにおける、リーダーの目指すべき状態は「シナジーチーム」なのです。リーダーは、この状態を目指して、あらゆる手法や手技、理論を活かしリーダーシップを発揮していかなければなりません。

これはタックマンモデルやSL理論とも共通します。タックマンモデルの成立期はまさにグループからチームになった段階です。そして動乱期を乗り越え、遂行期を目指し、シナジーチームに近づきます。

また、SL理論では、チームメンバーに合わせて適切なリーダーシップを発揮することで、メンバー個人のコンピタンスやコミットメントを高め、チームを育成し、最終的に委任することでシナジーチームに近づけていきます。

■信頼し合ってこそ、相互補完関係が生まれる

皆さんは「信用」と「信頼」という言葉をどのように使い分けていますか。

信用＝「信じて用いる」と書きます。意味は、「確かなものと信じて受け入れること」や「それまでの行為・業績などから、信頼できると判断すること」などです。つまり、**過去の**

実績などを見て、評価し信じて用いるということです。
信頼＝「信じて頼る」と書きます。意味としては「信じて頼ること」や「頼りにできるとして信ずること」などがあります。つまり、**過去の実績などを信用して、未来のために信頼する**ということなのです。

シナジーチームはチームメンバー相互の「信頼」関係が相互補完関係を生み出します。そのためにはチームメンバー個々が信用に値する行動を積み上げていく必要があり、その**信用をもって信頼関係を生み出すのです。**当然、リーダー自身もメンバーから信用される行動を通じて信頼される存在にならなければなりません。

今まで述べた内容で共通している概念は、「リーダーは、ステークホルダーやメンバーの力を最後まで信じる」ということです。

・チームメンバーやステークホルダーとともに、チームとして目標を達成させること
・理想と完全一致しないメンバーやステークホルダーと、目標を達成させること
・今ある現状で、シナジーチームという理想までもっていくこと
・信頼関係を構築すること

これらはすべて、**「ステークホルダーやメンバーの力を最後まで信じる」ことから生まれます。**

もし彼らを信じられなければ、どんなリーダーシップ手法を身につけたとしてもリーダーシップが発揮できず、またはそのリーダーシップが長続きせず、結果的に目標達成の可能性が低くなるでしょう。

自分だけでは成し遂げられない目標を理想的なチームで達成するためには、チームを信じ、その上で時間をかけて根気強くリーダーシップを発揮する必要があるのです。

POINT

チームの最終形はリーダー不要の「シナジーチーム」。お互いを信頼し力を出せるようにリーダーシップを発揮しなければならない。

PROJECT LEADER

13 リーダーにも得意分野と不得意分野がある

リーダーは、人によって得意なフェーズと不得意なフェーズがあります。

プロジェクトは、「立上げ→計画→実行→監視→コントロール→終結」というようなプロセスをたどりますが、こうした各プロセス群で、**リーダーにとって得意な分野、不得意な分野が少なからず存在するということです。**いくらリーダーシップを高めていったとしても、何かしら不得意分野は残るものです。

例えば、皆さんが友だちと海外旅行を計画したとします。

1人が発起人となり、他の友だちのモチベーションを高め、「行こう、行こう！」と盛上がります。しかし、いつ行くのか、どこへ行くのか、いくらぐらい費用がかかるのかなどの計画、情報収集がうまくできず尻すぼみになっていくこともあるでしょう。または、発起人以外の友だちが計画をどんどん決めていくこともあると思います。

実際に海外旅行に出発しても、現地で計画通りにいかない不測の事態が発生し、発起人が対応できず、あたふたとしてしまったり、または、発起人以外の友だちが臨機応変に不測の事態を「やりくり」したり……。こうした、リーダーが物事を進められずに誰かが変わりに実行するような事態を、何かしら経験されているはずです。

■不得意分野については、得意な人の行動を見て学ぶ

プロジェクトのリーダーシップでも同じです。特定のプロセス群ではリーダーシップを発揮するけれど、あるプロセス群ではリーダーシップを発揮できない状況があるでしょう。しかし、安心してください。**完璧なリーダーなどいないのです。冒頭にお話ししたように、誰でも不得意分野があります。**

では、不得意な部分を強化するにはどうしたら良いのでしょうか。プロジェクトマネジメントの各プロセス群の知識や技術を学ぶことは大前提ですが、その上で、**自分が不得意とするプロセス群を得意とするチームメンバーやステークホルダーを巻き込み、その行動を観察し、自らに取り込むのです。**

例えばあなたがプロジェクトの立上げが得意だったとしましょう。しかし計画プロセスが苦手です（すでにプロジェクトマネジメントのプロジェクト計画書に必要な知識と技術を学

び済みとします）。そうであれば、計画段階をチームメンバーやステークホルダーと作成していきながら、自らはファシリテーターとして活動し、計画をリードしていく人を見つけ、その人がどうコミュニケーションし行動し調整し、計画していくのかを観察し、学びましょう。

得意な人に学ぶ姿勢もリーダーシップの要素

また、計画を得意とする先人に学ぶという方法もあります。例えばプロジェクトオーナーや他のプロジェクトで計画が得意なプロジェクトマネジャー、ＰＭＯ（プロジェクトマネジメントオフィス）の担当などがそれにあたります。つまり、不得意な部分を学ぶメンター的存在を見つけるのです。

その際は「計画はどうやって立てればいいですか？」というような漠然な質問ではなく、「ＷＢＳの要素分解において、プロジェクトメンバーの要素分解の視点を合わせる方法を教えてください」というように、**より具体的な質問をすることが重要です。**

リーダーとしてのプライドがあるとは思いますが、**人に教えを請い、学ぶ姿勢も立派なリーダーシップのひとつです。**

リーダーにも得意、不得意分野があるのは、会社経営でも同じです。例えば、一言で「社長」といっても、大きく分けると2つの傾向があります。

ひとつは「起業家」、つまり会社を立ち上げる能力が高い社長です。この社長は、0から1を生み出す能力が高い人です。

もうひとつは「経営管理者」です。会社を運営・管理する能力が高い社長です。生み出された1を守る、もしくは1を10に、さらに100にする能力があります。

起業家は、会社が大きくなればなるほど経営管理で悩みますし、経営管理者は企業運営において、新規事業立上げで悩みます。これはそれぞれの得意分野が異なるからです。もちろん、起業家は経営管理に悩みながら経営管理を学び、経営管理者は起業や新規事業立上げに悩みながらこれらを学んでいきます。

POINT

プロジェクトの中で不得意なフェーズは必ずある。そんな時は、得意な人を巻き込み、行動と思考を学ぶ。

PROJECT LEADER 14

プロジェクトリードに、権限は必要か？

プロジェクトのリーダーの皆さんから、よくこうした相談を受けます。

「自分はプロジェクトの責任だけ持たされ、それに見合った権限がない」

つまり、プロジェクトの目標達成の責任に必要な権限がないという課題です。詳しく話を聴いてみると、チームメンバー配置の権限である人事権や、プロジェクト予算の決定・変更権限、購買の決定権限などがないということが多いです。もし皆さんがこのような悩みをお持ちでしたら、ぜひこの項を参考にしてください。

まず、権限とは何でしょうか？　ここで使う権限とは、「個人がその場で持つ権利や権力の範囲」です。**権利とは「ある物事をして良い、またはしないで良いという資格」であり、**

権力とは「ある人間や集団が、自己の意思に沿って他人や他集団を行動させる力」です。皆さんはプロジェクト成功のためにどういった権利や権力を持ちたいのでしょうか。

先ほどの人事権や予算決定権、購買の権限などは、どちらかというと権利に近い悩みではないでしょうか。しかし、冷静に考えてみてください。権利を持っていれば、プロジェクトの目標を達成できるでしょうか。

例えば、皆さんの会社や組織で部長職の方は複数いると思います。同じような業務執行権利を持っているのに、実績を出されている方とあまり実績を出されていない方がいるのは、なぜでしょうか。

世の中で社長という肩書を持つ方はたくさんいらっしゃいますが、同じような経営の権利を持っていて売上・利益実績が大きく異なるのはなぜでしょうか。

もちろん権利を持っていれば仕事はやりやすくなるかもしれませんが、現実を見ると、権利だけが成功条件ではないとご理解いただけると思います。権利とは、ある意味「道具」でしかありません。道具の使い方を知っていることが重要です。

もし**道具（権利）を持っていないのであれば、道具を持っている人に、それをうまく使っていただくようにリードすればいいのです。**

■リーダーシップに必要なのは、「非公式のパワー」

そして、この道具の使い方が「**権力**」であり、大きく分けて「**公式のパワー**」と「**非公式のパワー**」があります。

「**公式のパワー**」には、**役割によるパワー、後ろ盾のパワー、エキスパートのパワーなどがあります。**それぞれにパワーについて簡単にまとめました。

- **役割によるパワー**　「彼はプロジェクトのリーダーだから従おう」というようなもの
- **後ろ盾のパワー**　「このプロジェクトは社長の指示で、彼は社長から任命されているから従おう」というようなもの
- **エキスパートのパワー**　「彼は○○の分野でエキスパートなので従おう」というようなもの

この「公式のパワー」には、自分で研鑽《さん》を積めるもの（エキスパートのパワー）と、自分でコントロールが難しいもの（役割によるパワーや後ろ盾のパワー）があります。**自分でコ**

ントロールしづらい要素が多い公式のパワーだけでは、プロジェクトの目標を達成することが難しいでしょう。例えば「社長の指示だから何？」「プロジェクトのリーダーという役割だから何？」と反感を持たれてしまうかもしれないからです。

一方で、**自分自身でコントロールできる、自分自身によって構築できる権力が「非公式のパワー」**です。

これは一言でいうと、**「人間のパワー」**です。**より具体的にいうと「リーダーシップ」や「コミュニケーション」、そしてその源泉となる「前向きさ」「情熱」「達成意欲」「真剣さ」「真摯な態度」などがあります。**

例えば「彼はいつも私たちを守ってくれる。だから従おう」「彼は真剣に課題に向き合っている、だから助けよう」「彼のように素晴らしいリーダーになりたい、だからついていこう」「彼は信頼できるから、一緒に仕事をしたい」などと思わせるパワーです。

皆さんも、仕事の中でこのような感覚を持ったことがあるのではないでしょうか。

これら「非公式のパワー」は日頃の自己研鑽によって構築できるものであり、組織によってコントロールされづらい、自分自身の権力なのです。さらに**「非公式のパワー」こそ、公式のパワーや権利を超え、目標達成に極めて重要な要素となります。**

権利・権力の定義と、権力の中のパワーの要素

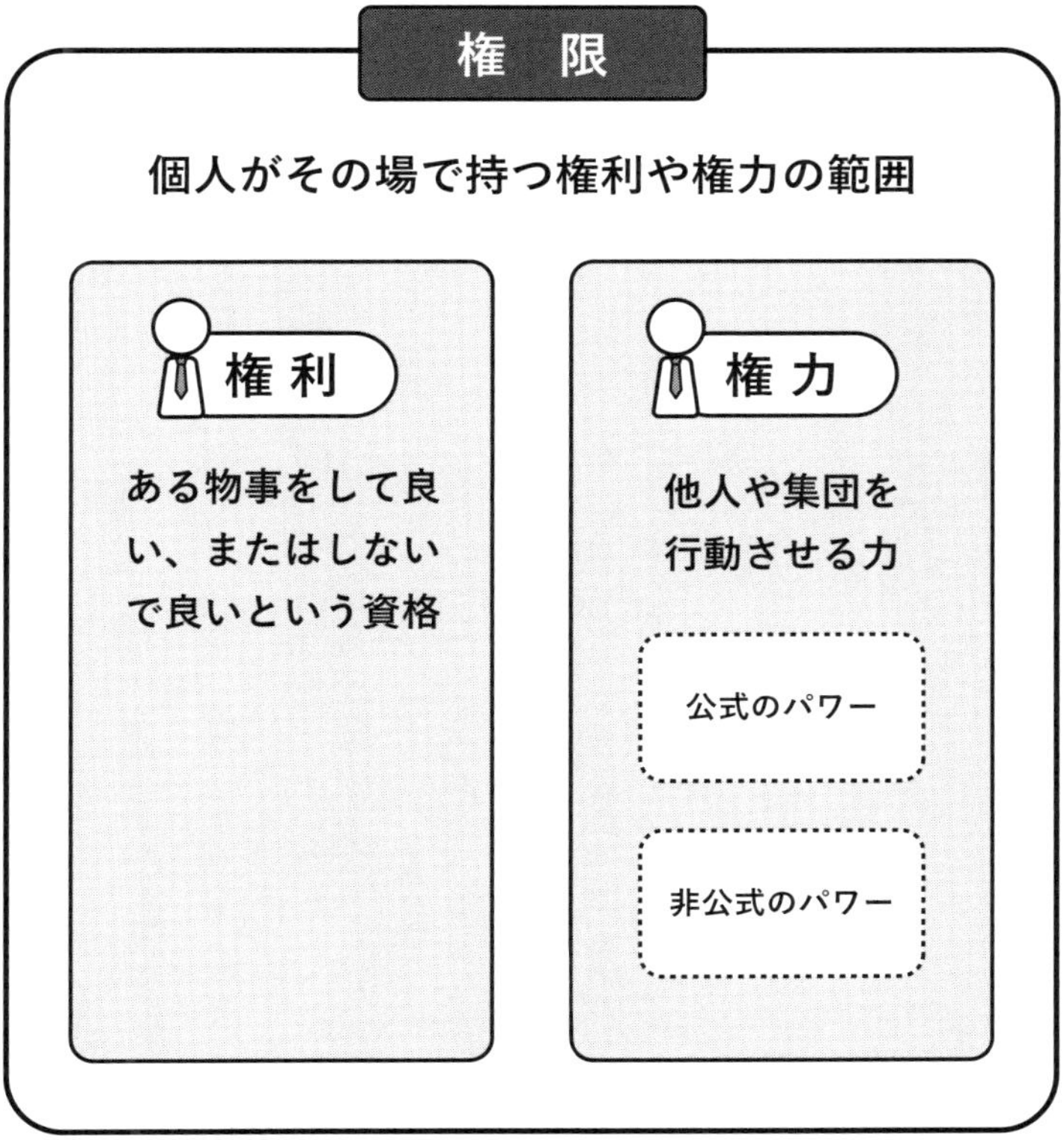
権　限
個人がその場で持つ権利や権力の範囲
権 利
ある物事をして良い、またはしないで良いという資格
権 力
他人や集団を行動させる力
公式のパワー
非公式のパワー

「権限がない」と悩まれている皆さん、安心してください。プロジェクトの目標達成に必要な権限は与えられるものではなく、自ら創り出せるのです。その権限を生み出す最も重要なものが、権力の一部である「非公式のパワー」です。**非公式のパワーは日々のリーダーシップ、コミュニケーション、自己研鑽などで生み出せるのです。**

POINT

「権力」はプロジェクトの目標達成のために重要な要素。権力には「公式のパワー」と「非公式なパワー」があるが、自己研鑽により生み出し、人を引き付けることができる「非公式のパワー」が大切。

PROJECT LEADER

第2章

プロジェクトのリーダーは最後まで「ゴール」にこだわる

PROJECT LEADER

01

ゴール設定がすべてを決める ——要求事項調整の重要性

プロジェクトでのリーダーシップは目標設定前から始まっています。また皆さんのリーダーシップの評価には、目標設定が大きく関わっています。

プロジェクトの目標は、「要求事項を満たすアウトプット（成果物）を期限までに生み出すこと」であり、そのためにリーダーシップを発揮します。つまり、**要求事項を満たすアウトプットが目標であり、それを達成できたかできないかによって、リーダーシップを評価されるケースが少なくありません。**

目標設定の重要性は第1章で述べましたが、ここでは、**目標を設定するための要求事項調整の重要性**について考えていきましょう。要求事項とは簡単に言えば、プロジェクトの成功のために必要と求められる各種条件や要件です。この要求事項調整は、リーダーにとって、とても重要なポイントとなりますので、必ず押さえておいてください。

まず、**「要求事項は命令ではない」という概念を持ってください。**

この要求事項とは、あくまでも「要求」事項です。もちろん要求事項の中には法令で決まっているものがありますし、すでに組織として決められている「命令」事項もあります。しかし、ステークホルダーからのすべての要求事項が命令ではありません。

プロジェクトには多くのステークホルダーが関与し、それぞれに要求事項があります。それらの中には相反するものが必ずといっていいほど含まれます。つまり、利害関係の衝突が起こります。もし初期要求事項が「命令」であれば、そもそもそれを全うする成果物などは実現できず、プロジェクトすら立ち上がりません。

●「プロジェクト憲章」作成に先立ち、要求事項を収集する

目標設定には「プロジェクト憲章」(73ページ)の作成が重要ですが、その前の段階として、お客様との契約書、企画書、中期経営計画、事業計画、関連法令、社内ルールなど、さまざまな資料を読み込みます。もしプロジェクト憲章作成前に確定しているステークホルダーがいれば、**要求事項収集を始め、あらゆる要求事項をまとめておくことが必要です。**

プロジェクト経験者の皆さんの中には、「要求事項収集は、計画のプロセス群に含まれる

のでは？」と思われた方もいらっしゃるでしょう。確かに、プロジェクトマネジメントの理論では計画プロセスから実行するのがセオリーです。しかしご自身がプロジェクト憲章を作成する必要があり、かつ要求事項のマネジメントをリードする場合、プロジェクト憲章の作成前、フィージビリティスタディ（プロジェクトの実現可能性を事前に調査する）の段階から実施することをお勧めします。

■「要求事項」の理由を突き詰めて、相反する要求を調整していく

次に重要な点は「要求事項を調整する」ということです。**プロジェクト憲章作成前に収集された要求事項類を確認し、相反する要求事項を洗い出します。**そして相反する要求事項を出した双方に対してアプローチし、要求事項を調整します。この活動はプロジェクトの計画時まで続きます。その手順を紹介しましょう。

まず、要求事項に優先順位を付けます。

優先順位付けは、ステークホルダーの各要求事項が「Must（必須）」「Should（すべきこと）」「Could（可能であれば）」「Won't（不要）」のどれに当てはまるのか、ステークホルダーに

確認し明文化します。

現場でよく起こるのが、**【すべて「Must」です】**という状況です。しかし、よくよく話を聴いてみると、ShouldだったりCouldだったりすることが多いものです。

例えば、QCD（Quality：品質、Cost：費用、Delivery：納期）のバランスの関係です。会社役員やプロジェクトオーナーは企画の段階で、生み出される製品やサービスのQCDをある程度決めています。一方、開発・製造側は品質の良いものをお客様に届けたいという想いが強く、「決められたコストでは品質や納期が担保できない」と主張するでしょう。しかし営業側はお客様に安く売りたい、利益率を担保したい、他社よりも早く市場に投入したいという想いから「品質よりもコストや納期を優先したい」と話し、利害が一致しないことも、ままあります。

このような衝突を調節するため、**それぞれのステークホルダーの要求事項の優先順位をつけるのです。**

その具体的な方法を説明するため、次に挙げた例を考えてみてください。

製品開発コストは1億円、1000個を来年の4月までにリリースするという企画があります。開発・製造側に確認すると、求められる品質の製品を生み出すには、10の新機能の開発が必要でした。しかし、10の新機能を1億円で、しかも期間内で開発するのはとても厳しい要求であり、追加コスト2500万円が必要という要求事項がありました。さらに期日までに指定の数量を製造するには人手が足りず、人材の採用ならびに教育研修期間3カ月が必要だとの要求事項もありました。営業側は他社の動向も考慮すると4月に必ず新製品をリリースしたい、また、利益確保のため開発コストは1億円を超えないようにしてほしいと要求されています。

これは利害関係や要求事項が衝突している状況で、多くの人はこの時点でうんざりしてしまうかもしれません。しかし、30ページで述べた通り、**リーダーは「できない理由」を考えるのではなく、「どうやったらできるか」という思考で動かなければなりません。**

そのためには「なぜ」と疑問に持つことがとても重要です。改めて、例を見てみましょう。

開発・製造部門の要求では、

・「なぜ」品質を満たすために10の新機能が必要なのか
・「なぜ」1億円以上開発コストがかかるのか
・「なぜ」2500万円増加が必要なのか

・「なぜ」人手が足りないのか

営業側に目を向けると、

・「なぜ」4月に必ず新製品をリリースしたいのか
・「なぜ」コストが1億円を超えると利益率確保ができないのか

などです。

要求事項の調整は、この「なぜ」をそれぞれのステークホルダーに聞いて明らかにしていくことから始まります。

開発・製造側が言っていた10の新機能の内容を把握し、それを営業側に確認したところ、市場の動向から、10のうち、5はMustだが、5はShouldでも可ということがわかりました。開発・製造側に伝えると、5であれば1億円の開発費で問題なく、その後の製造も納期までに間に合うことがわかりました。また、営業側の要求事項を詳しく聴いてみると、4月にリリースしたいのは、他社よりも先行して発売したことが第一にありました。しかし全国一斉販売を考えているわけではなく、東京、大阪、名古屋で4月から販売することがMustであり、その他の都市はShouldでも良いことがわかりました。

リーダーはこのように、「なぜ」を明らかにしていけば、真の要求事項を見つけ、調整することができます。

■明らかにした事実をオーナーに伝えて決裁を仰ぐ

要求事項の優先順位付けができたら、**リーダーは、経営者やプロジェクトオーナーに合理的にその事実を説明します。**先の例では、事実とは次のような事項になります。

Q（品質）を満たすためには、本来10の新機能が必要であるが、それを満たした場合、C（コスト）は要求事項よりも25%のコスト増加、D（納期）は3カ月後ろ倒しにする必要性が確認できた。一方で、市場の動向から、お客様が今必要としている新機能は10のうち5であることがわかった。これらを優先的に開発することと、競合動向から東京、大阪、名古屋で4月に先行発売することでCとDを満たすことが可能である。

これを説明し、**決裁を求めるのです。これは極論でいうと、「Q、C、Dのどれを優先させますか」と確認していることと同じです。**

要求事項を聴く時は、リーダーからアイデアを伝えることも重要です。

先ほどの例だと、「なぜ10の新機能が必要なのですか?」という質問の回答に対して、「例えばの話ですが、その10の新機能のうち、自社開発ではなく、他社から部品を買って実現することも可能ですか? 他社で同じような機能を持つ部品があれば、納期とコストが遵守できると思うのですが」などと聞いてみるのです。

さらに「確かにそうなんですが、当社は極力自社開発で行ってきたので経営側がOKというかどうか……」という回答が返ってきたとします。そうであれば、経営側に伝えて調整することでQCDを満たせる可能性が見えてくるでしょう。

■調整済みの要求事項はもらさず実現させる

「調整した要求事項は必ず実現させる」ということも重要です。

既述の通り、要求事項の調整は、プロジェクト計画時まで続き、また実行中も目標や計画が変更になることもあります。しかし、リーダーとしては、「調整済みの要求事項」は徹底的に実現させるという認識を持たなければなりません。

冒頭で、「リーダーシップの評価は、要求事項を満たすアウトプットを達成できたか否かに関わる」と述べました。この「要求事項」というのは調整済みの要求事項のことです。

初期の要求事項は利害関係が一致していないことがほとんどですが、リーダーはそれを調整するため、目標設定時からリーダーシップを発揮しています。そうして**調整された要求事項を全うできるよう、全力で活動するのがリーダーの仕事なのです。**

POINT

リーダーの評価は、要求事項を満たすアウトプットを達成できたか否か。相反する要求を徹底的に調整しておく必要がある。

PROJECT LEADER

02

チームの構成は「戦隊レンジャーもの」の相互補完関係から学ぶ

プロジェクトはリーダーだけで成功しません。プロジェクトチームと一致団結してゴールを目指さなければならないので、「チーム構成」はプロジェクトの成功を左右します。

そのため、リーダーは、ゴールにこだわったチームを組成します。**つまり要求事項を満たすアウトプットを納期までに納品できるチームメンバーを考え組成するのです。**

日本のプロジェクトでは、チームメンバーも指定されているケースが多いようですが、その場合でも、リーダーはプロジェクトオーナーなどに合理的な理由をもってチームメンバーの追加や変更を交渉したり、ゴールを目指すために足りない知識や技術、経験、価値観を有する人をサポーターとしてステークホルダーに取り込んだりします。

例えば、皆さんは上司から「人を巻き込め」なんていう言葉を聞いたことはないでしょうか。

プロジェクトにも同じことが言えます。たとえチームメンバーが決まっていても、それを制約として「できない理由」にするのではなく、「どうやったらできるか」を考え、必要な人を巻き込んでいくことがリーダーとして求められるのです。

また、プロジェクトが大きくなればなるほど、自組織や自社だけではなく、他社も含めて協力が必要になることがあります。リーダーの人脈がゴール達成に関わることもあります。

■技術や経験だけでなく個人の行動特性も考慮する

では、リーダーはどういった観点でチームメンバーを構成していくのでしょうか。

それは、戦隊ヒーロー特撮ものの「レンジャーシリーズ」にとても似ています。5人の戦士が同じ悪をやっつけるというゴールを目指し、一致団結し敵に向かうストーリーです。

戦隊ものをあまりご存じでなければ、昔の子供向け番組やアニメを思い出してみてください。登場人物のキャラクターはそれぞれユニークで特徴がありましたよね。登場人物それぞれが異なる知識と技術、経験、価値観、行動特性を持っています。

プロジェクトでも、**目標達成に必要な知識、技術、経験、価値観、行動特性などをリーダー**

が検討し、ベストを尽くしてチームを組成します。チームメンバーに組み込めなかった場合は、ステークホルダーとして必要な人を巻き込んでいきます。

ここで注意しておきたいことがあります。

それは、知識や技術、経験のみ、つまり仕事上の職務要件のみでチームメンバーを選定していることが多い点です。しかし、もうひとつリーダーとして考慮すべき基準があります。それは価値観や行動特性です。つまり人間性や個性といったものです。**プロジェクトの目標を達成するには、目標達成に必要な多様な価値観や行動特性をチームに組み込まなければなりません。**

もし、チームメンバーの全員が慎重派だったらどうでしょうか。プロジェクトは一向に進みません。逆にチームメンバーの全員が「とりあえずやってみないとわからないよね！」という「イケイケ」の人ばかりだったらどうでしょうか。実行中にトラブルが発生するかもしれません。

その他にもスケジュール、リスク、コミュニケーション、コストなどの観点から考えて、多様性があるチームをつくる必要があるのです。

■相互補完できるように、多種多様な人材を集める

自分でチームメンバーを選定して組成できるのであれば、ついつい自分と価値観が近い人、同じような知識と技術を持った人を選択してしまいそうですよね。その気持ちはとてもよくわかります。

では、なぜそのような思考になるのでしょうか。

多くの場合が、自分の仕事のしやすさを考えたり、面倒なコンフリクト（衝突）が起こりにくい体制を考えたりしてしまうからです。ついつい内向きの理由のために行動してしまうことがあるのです。

しかし、今一度思い出してください。プロジェクトのリーダーは目標達成のために活動します。ゴールから考え、ゴールの達成に必要なチームを組成することが、自分のためになることなのです。

目標達成を目指すのであれば、行動特性が異なる人、得意技が異なる人でチームを形成しましょう。**チームを構成するメンバーの「相互補完」（お互い得意技を持ち寄り助け合うこと）が重要であり、それこそがチームで活動する理由でもあります。そしてこれが目標達成に極めて重要なのです。**

例えば、同じ感性、スキル、価値観の人たちだけであれば、課題に対して特定の対処案しか出てきません。多様な感性、スキル、価値観を持ったチームであれば、あらゆる角度から対処案のパターンが出てくるはずです。

多様な特徴を持ったメンバーでチームを構成すると、当然、コンフリクトが発生します。しかし目標達成に向けてこれらのコンフリクトを「やりくり」していくのもリーダーの仕事です。第1章で紹介した5W1H、OPENNESS、チームビルディングの概念が大切なのは、コンフリクトを乗り越えチームをまとめていくためでもあるのです。

POINT

同じゴールを目指せる、異質なメンバーでチームを作る。異なる知識と技術、経験、価値観、行動特性がメンバーの相互補完につながり、チームを強くする。

PROJECT LEADER

03

目標達成のポイントは桃太郎にあり——メンバーとしての犬、猿、雉《きじ》の役割

前項で、目標達成を目指すためには多様な知識、技術、経験、価値観、行動特性を持つメンバーを組成し、相互補完しながらチーム一丸となることが重要であるとお伝えしました。これは、経営においても同じです。経営も、企業や組織の目的を達成するために経営チームや従業員と一致団結して活動します。

経営の世界で語られている面白い話を紹介しましょう。この物語を通じて、リーダーとしての強いチームの「あるべき論」を覚えてください。すでに述べた多様性の大切さがよく理解できると思います。

■犬の同質性、猿の有秀さ、雉《きじ》の調和力をチームに入れる

昔話の「桃太郎」をご存知でしょう。桃から生まれた桃太郎が成長し、悪さをしている鬼

を鬼ヶ島まで退治しにいく物語です。この時、道中でメンバーに加わった動物は何だったか覚えていますか？　そう、犬、猿、雉です。経営の世界では、この3種類の動物が持っている特徴がとても重要だと語られています。つまり、**「犬、猿、雉の特徴を持ったメンバーをチームに入れなさい」と教えてくれているのです。**

《犬》

従順の象徴です。実際に、犬は人間によくなつきます。犬は、「自分と同様の価値観や観点を持っている人」をチームに招き入れるということを示しています。実際の経営でもプロジェクトでも、リーダーが対応できる作業ボリュームは限られていますから、**自分の仕事を任せられる人をチームに入れておく必要があります。**

《猿》

知恵の象徴です。実際に猿はとても頭が良い動物です（悪知恵もありますが）。猿が示しているのは、「自分（リーダー）よりも知識を持っていて頭の良い人」「自分（リーダー）よりも優れた人」をチームに招き入れなさい、ということです。

実際の経営やプロジェクトでも、自分と価値観や観点が同じ人たちだけで活動していると、

一定の知識や経験、技術でしか活動ができません。さらに、多角的に物事を捉えることができず、リスクが高くなるのです。そういった点をカバーするためにも、自分よりも優れた人を入れたほうが良いのです。

いざ自分がリーダーになると、自分よりも優秀な人をチームに招き入れることは「プライドが許さない」と思ってしまうかもしれません。しかし目的・目標達成のためにはとても重要で、実際に、会社や組織の代表よりも優秀な相談役やコンサルタントなどを経営に招きいれることは珍しくありません。

《雉》

和の象徴です。雉は日本鳥学会が国鳥として選定するなど、日本を代表する鳥です。メスは母性愛が強く、ヒナを引き連れている光景が家族の和を象徴するといわれています。犬と猿というような知識・技術・経験・価値観・行動特性点などが全く違うメンバーが集まった上で、和を保つために雉を招き入れるのです。

経営でもプロジェクトでも、メンバー間のコンフリクトをうまく仲裁してくれる役割がとても重要になってきます。

リーダー、メンバーとしての桃太郎チームの特徴

これだけ特徴の違うチームメンバーですが、鬼ヶ島に到着すると、犬は鬼に噛みつき、猿は鬼をひっかき、雉は鬼の目をつつき、それぞれの得意技を繰り出し、鬼退治の目標を達成します。

「桃太郎」のように、メンバーが相互補完し、一丸となって目標を達成する。リーダーはこのようなチームを組成、育成していくことが求められます。

「あのメンバーとこのメンバーは価値観が違うからうまくいかないだろうな」と近視眼的になってはいけません。目標達成のためにチームとしてどのような要素が必要かを見極め、ゴールを見据えながらチームを組成・育成してください。

POINT

「桃太郎」のように、特徴の違うメンバーが力を発揮できるチームを作ろう。

PROJECT LEADER 04

利害関係者を満足させるステークホルダーの「期待マネジメント」

ゴールを目指す上で障害になる可能性があるのが、ステークホルダーの存在です。

具体的には、個別のステークホルダーの「期待」にリーダーが応えられないことで、ステークホルダーがプロジェクトの成功を阻害する要因となる場合があります。もともと、プロジェクトを取り巻くステークホルダーには、プロジェクトの推進に「賛成（フォロー）」「中立（ニュートラル）」「反対（アゲインスト）」の人たちがいます。このうち、「反対」派が成功を阻害する要因となってしまうことがあります。

「ステークホルダーマネジメント」の経験者もいると思います。ステークホルダーマネジメントでは、ステークホルダーを特定し、分析し、ステークホルダー登録簿や管理表などでステークホルダーの基本情報や関心事項、プロジェクトに対する影響度や興味・関心度、プロジェクトへの賛否、ステークホルダーへの対応戦略やその内容などを明文化します。

なぜこのプロセスが必要かというと、反対の人たちをどう中立に持っていくのか、中立の人たちをどう賛成に持っていくのか、賛成の人たちをどう賛成のままとどまらせるのかという戦略を構築するためです。つまり、**目標達成を阻害する要因を戦略的になくし、目標達成を応援していただける要因を戦略的に増やすのです。**

■各ステークホルダーの「期待」は相反することが多い

ステークホルダー登録簿や管理表には、主にプロジェクトや成果物に対する公式または非公式の関心事項や要求事項が記載されます。しかしリーダーシップを発揮する過程では、ステークホルダーマネジメントにおいて重要な要素があります。それは**リーダーに対する「期待」です。この期待のマネジメントが、ゴールを目指すリーダーにとって重要なのです。**これを私は、エクスペクテーションマネジメント（Expectation Management）と呼んでいます。

では、リーダーへの「期待」とは何でしょうか。簡単にいえば、各ステークホルダーが考える「リーダーならば○○であるべきだ」、もしくは「リーダーならば○○してほしい」という期待です。この各ステークホルダーの期待はステークホルダーごとに異なります。

例えばあなたが、受託側のプロジェクトでリーダーをしていたとします。プロジェクトはすでに実行フェーズです。プロジェクトのチームメンバーはリーダーに対して、お客様からの計画外の追加要求事項について、しっかりとお客様と対話し、検討し、変更会議を経て既存のスケジュールに影響のないように調整してほしいという期待があるとします。

一方でお客様側からは、追加要求事項について柔軟に即時受け入れ、決められたコストとスケジュールで極力対応できるよう社内を説得してほしいという期待があるとします。

双方の期待はまったく異なります。ここでもし、チームメンバーの期待を優先させた場合、お客様のリーダーに対する期待は下がります。お客様の期待を優先させた場合、チームメンバーのリーダーに対する期待は下がります。どちらかの期待を優先することで、どちらかの期待が下がり、気づけば目標達成を阻害するアゲインストのステークホルダーになってしまうという事態に陥ることもあります。

これは極端な例ですが、**各ステークホルダーは、リーダーに期待していることが少なからずあるものです**。例えば次のようなものになります。

・経営層

「リーダーなら数パターンの解決策を考えてほしい」

・経理担当

「リーダーならコストをしっかりとマネジメントし、万が一コストがオーバーしそうな兆

ホルダー管理表』の例

リーダーシップスタイル	対応内容
委任型	【基本情報】 ・プロジェクト経験豊富であり… ・合理的に決裁する。そのためにデータを重視し・・・ ・公式の会議を重視。書面化されたデータを好み… etc. 【対応内容】 ・変更会議での決裁については決裁期日を明確に伝え、決裁までのプロセスは委任する。 ・日々のコミュニケーションは定期メール／週１回電話／定例会議での対面対話を重視する。 ・公式のコミュニケーションを基本とする。 ・意思決定のスピードを重視していただくように日々のコミュニケーションにてその要素を伝える。 etc.
コーチ型	【基本情報】 ・定常業務では 10 年の経験あり。プロジェクト参加は今回が初めてであり… ・プロジェクトへの参画を以前より希望しており、モチベーションやコミットメントは高い。自ら発言し社交的な性格… ・購買に関する知識は高く、さらに付随して契約関連の知識も有している。 ・現在保育園に通うお子様がいらっしゃり、長時間勤務は難しい。 etc. 【対応内容】 ・プロジェクト開始から1カ月間は調整･決定に関して3割程度を自ら提案してもらう。 ・非公式コミュニケーションを重視。夜は NG。ランチを週１回共にする。対面コミュニケーションを重視。 ・リスク観点について主にリードし… etc.
‥‥	‥‥

候が見られた段階で事前に相談してほしい」

・チームメンバー

「リーダーならプロジェクトで課題が発生した場合、率先して課題解決に向き合ってほしい」

など、「リーダーなら○○であるべきだ」もしくは「リーダーなら○○してほしい」というものがあります。

では、リーダーはこれらの多種多様な「期待」にすべて応えないといけないのでしょうか。ここでも、「要求事項

「期待」項目を加えたリーダーシップに特化した『ステーク

No.	名前	部門	役職／役割	リーダーに対する期待	コンピタンス	コミットメント
1	倉林　和子	営業本部	執行役／プロジェクトオーナー	【調整済み期待】 ・各種意思決定に際して、必要な情報を全て用意。 ・1週間に一度のメールでの進捗報告。 ・顧客とのプロジェクトを通じた関係深化。 etc.	高	高
2	前田　典夫	購買グループ	メンバー	【調整済み期待】 ・メンバーが誤った行動や判断をした場合にはことが大きくなる前に適宜指導。 ・メンバー自らが対応できなくなった際のエスカレーション対応。 ・各種情報の開示。 etc.	低	高
3	‥‥	‥‥	‥‥		‥‥	‥‥

の調整」（134ページ）と同様、期待の「調整」をお勧めします。つまり**リーダーへの期待はリーダーとしての要求事項であると考え、リーダーへの期待を聞き出し、期待を調整し、調整した期待には全力で応えるように努力するということです。**

本書では「リーダーシップに特化したステークホルダー管理表」（113ページ）をすでにご紹介していますが、上ページの図のように、この管理表に「リーダーに対する期待」という項目を付け加え、管理するのもひとつの方法です。または、通常のステークホルダー登録簿や管理表の非公開部分に「リーダーに対する期待」という項目を付け加えても良いでしょう。

「リーダーシップに特化したステークホルダー管理表」の説明で述べたように、**ステークホルダーの状況は時間の経過とともに変わっていきます。同様に、リーダーに対する期待も時間の経過とともに変わっていきます。**

例えば、プロジェクトの立上げフェーズに、チームメンバーから「リーダーとして合理的な決断をしてほしい」という〝期待〟があったとしても、プロジェクトの実行フェーズでは、「リーダーとして課題解決に率先して向き合ってほしい」という〝期待〟に変わっているなどです。リーダーは必ず1カ月に1回、これらの期待をステークホルダーとのコミュニケーションを通じて確認し、期待のマネジメントをアップデートしていく必要があります。

POINT

プロジェクトの阻害要因とならないように、ステークホルダーの「期待」を調整し、アップデートする。

PROJECT LEADER

05

小さなワークパッケージにも「ガントチャート」(工程表) を設定する

プロジェクトの目標は「未来」に存在します。誰も、プロジェクトで生み出されるアウトプットを、今見ることはできません。この不確実性を軽減させるのが計画書類作成の目的です。

ではなぜ計画書類を作成することが不確実性の軽減につながるのでしょうか。

それは、誰も見たことのない未来の目標や、その達成に至るまでの各種要件やプロセスを、頭の中で「シミュレーション」できるからです。

多くの**プロジェクトで必ずと言っていいほど作成する計画書のひとつとして「ガントチャート(工程表)」があります。**

作成された経験がある人もいると思いますが、これはゴールの達成確度を高めるために、目標達成までの時間的な道のりを定義するためのツールです。

■WBSとガントチャートを駆使して「道のり」を示す

ガントチャートを作成する前段として、WBS（Work Breakdown Structure）で目標達成までの要素分解を行っておくことが大切です。

WBSでは、Level 1でプロジェクトの目標、Level 2で成果物（コントロールアカウント）、Level 3で要素成果物（ワークパッケージ）、Level 4で活動（アクティビティ）を分解していき、「何をやるのか」を定義します。

プロジェクトの実行フェーズではこのWBSとガントチャートを使い、チームメンバーは活動し、リーダーは進捗管理を行っていきます。

目標達成を目指すリーダーは、この2つの計画書が示す「何を」「いつまでに」やるのかを明確にし、目標達成までの道のりをチームメンバーに明示するようにしましょう。

では、どの段階まで管理すればいいのでしょうか。

あなたがもし、プロジェクトマネジャーという立場のリーダーであれば、Level 3の要素成果物（ワークパッケージ）までを定義し、管理すれば良いと思っているかもしれませんね。

確かに、プロジェクトマネジメントの理論や概念ではそうかもしれませんが、ゴールにこだわるリーダーであればあるほど、Level 3の配下にあるLevel 4の内容やそのスケジュールを検証してください。特に、チームメンバーがしっかりと要素成果物というゴール達成に向けた道のりをイメージできているか、対話を通じて確認しましょう。

あなたがもしLevel 3の要素成果物またはワークパッケージのリーダーであれば、チームメンバーとともに要素成果物というゴールに向けた、現実的なLevel 4の内容やスケジュールを定義し、目標達成までの道のりを明確にイメージできるようにしましょう。

皆さんには、こんな経験はありませんか？　プロジェクトの目標を伝える、もしくはチームメンバーと一緒に考える際に、チームメンバーから「こんなの無理ですよ！」「どうやったらいいか検討もつきません！」というネガティブな回答が返ってきてしまった経験です。

プロジェクトの目標の難易度が高くなればなるほど、この現象が発生する可能性が高まります。これは仕方のないことです。我々は人間ですから、誰も見たこともない未来のことにチャレンジするのは不安なのです。しかし、見方を変えれば、これはとてもポジティブな状況とも考えられます。その理由は、この項目の最後に触れます。

わかりやすく説明します。例えば皆さんが、「海外の大学教授から情報を入手する」というゴールのみを聞かされ、その他の情報は何もなく、見知らぬ海外に連れて来られたとします。どこに行ったらいいのか、どこで宿泊できるのか何もわかりません。これは不安ですね。

でも、もし、海外に行く前に、○○空港に○○時○○分に到着、その後、○○時発のA電車でB駅まで行く、B駅から○○のルートを歩き、Cホテルに宿泊、翌日D大学に行き、E教授と面会し、Fの情報を入手……などと「何を」「いつまでに」やるのかを明示されれば不安感は軽減されます。

プロジェクトメンバーの不安感をなくすためにも、ゴール達成への道のりの明示が必要になってくるのです。

■ネガティブなメンバーから解決策を引き出す2つの方法

リーダーが未来の目標を明示する、もしくは一緒に考える際、チームメンバーがネガティブな回答をしてしまう理由に、自分が今まで経験してきたプロセス、仕事のやり方、制約観点、環境など過去の経緯があることが少なくありません。つまり、「過去の経験や体験から照らして難しい」という判断をしています。

しかし、実は、**ネガティブな回答をするチームメンバーこそ、未来の目標達成への道のり**

を「知っている」ことが多いのです。その「答」を引き出すには、リーダーがメンバーと対話し、未来の目標達成の道のりを一緒にデザイン（設計）していく必要があります。

私は、2つの方法で「答え」を引き出します。

▼①「仮」や「たとえ」の話をする

リーダーが、仮やたとえのアイデアを率先して出します。このたとえ話が、未来の目標達成の道のりをデザインしていく対話の基になるのです。たとえ話を「考える土台」とし、チームメンバーが一緒に考えるのを促します。

本書でも、たとえ話が多いのはそのためです。

「仮の話なのですが、このワークパッケージを達成するためには、アクティビティはA、B、C、D、Eが必要なのではないでしょうか」

「例えば、アクティビティをA→C→B→E→Dの順番でやれば効率的ではないでしょうか」

などとアイデアを出すのです。すると、

「アクティビティCをするにはXが必要なんですよね」
「アクティビティA→C→B→E→Dは不可能ですよ」

など、より現実的な回答が出たり、不可能な原因が得られたりする可能性があります。その上で、**現実的な回答を採用し、「道のり」を現実的なものにデザインしていきます。**不可能な原因に関する回答が得られた場合は、②の手法でさらにブラッシュアップします。

▼②「なぜできないのか」「なぜ不可能なのか」という原因を聞き出していく

「アクティビティA→C→B→E→Dは不可能ですよ」

と回答したチームメンバーについて、

「その不可能な理由にとても興味があります。ぜひ教えてください」
「同じような経験がありますか。不可能だと思えるのはどういう経験からでしょう」

というように、その「できない理由」を聞き出していきます。この原因が突き止められれば、その原因を解決するため、①に戻って仮やたとえのアイデアを出して、議論を続けます。

リーダーが率先してアイデアを出し、実現不可能なことがあれば理由を聴き出し、さらにアイデアを出して対話を続けることで、本質的に解決すべき課題、すなわち課題のボトルネックが見つかります。

つまり、メンバーに不安要素があればあるほど、解決すべき課題がわかり、実現可能性が高まるともいえます。それが先ほど、「ネガティブな回答をするメンバーがいることこそ、ポジティブな状況」と伝えたことへの答えです。

リーダーは「できない理由を考える」のではなく「どうやったらできるか」という観点を常に持ち続けることが必要です。

POINT

リーダーはチームメンバーとの対話の土台を作り、対話で実現への道のりをデザインする。それらをWBSやガントチャートに明示し、実現可能性を高めていく。

PROJECT LEADER

06

能力より少しだけ高い目標「ストレッチ目標」を設定する

皆さんは、提示したチームの目標に対して、どのメンバーにどう任せるのか、明確な判断基準を持っているでしょうか。もちろん、要素成果物や活動に必要な知識・技術・経験を有した人に任せたいと思うでしょう。適材適所はリーダーの重要な仕事です。

しかし、必要な知識・技術・経験を完全に有したメンバーがチームにいないことが少なくありません。必要な知識・技術・経験に「近しい人」に任せていくのが現実的です。

チームメンバーからすると、任されたモノやコトの中に未知のものが含まれ、不安な気持ちになるかもしれません。しかしリーダーは、その状況こそが、目標を達成する上で重要であることを認識しておきましょう。

■メンバーが、「学習ゾーン」で力を発揮できる目標を設定する

人に目標を与える場合、その人が**できることよりも少し高い目標である「ストレッチ目標」を与える**のが望ましいとされています。ここで詳しく、人の能力と目標の関係性を見ていきましょう。

169ページの図は**人の能力と与えられる目標の3つのゾーンを示しています。3つのゾーンとは「安心ゾーン」「学習ゾーン」「パニックゾーン（カオス）」です。**

▼「安心ゾーン」

対象となる人の能力に対して同等、もしくは低い目標を与えた人たちのゾーンです。このゾーンにいる人たちは自分の能力で容易に活動ができるため、目標達成に安心・安全感があります。しかし、新たにチャレンジするコトやモノがないため、自分で能動的に考える必要がありません。

このゾーンにずっと居続けることにより、リーダーからコントロールされていると感じるようになってしまいます。また、活動に慣れているので機械的になってしまい、それが逆に退屈になり、モチベーションが下がってしまいます。

▼「パニックゾーン（カオス）」

対象となる人の能力よりも、難易度が極めて高い目標を与えられた人たちのゾーンです。簡単にいえば、自分の過去の知識・技術・経験のどれも役に立たない、見当もつかない目標達成を任された時の状況です。この時、対象者はパニックになります。パニックになると、リーダーからの指示も耳に入りません。指示を聴ける状況ではないのです。リーダーが協力しようとしても、意見を求めても、そもそも対象者が対応できず空回りします。

▼「学習ゾーン」

安心ゾーンとパニックゾーンの間にあります。このゾーンは、対象者の能力よりも少しだけ高い目標を与えられた人たちのゾーンです。目標達成に必要な知識・技術・経験を一部有しているため、わかる部分に対しては安心・安全感はあるものの、目標の一部に未知なるものがあり、不安感もあります。しかしパニックには至っていない状況です。

この状況では、**多かれ少なかれ未知なるモノやコトに取り掛かるため、新しいことにチャレンジしているという気持ちになります。**また、未知なるモノやコトに対して能動的に考えるため、安心ゾーンのようにモチベーション低下の可能性は低いでしょう。モチベーションが維持される、または対象者によってはモチベーションが高まります。

人の能力と与えられる目標の３つのゾーン

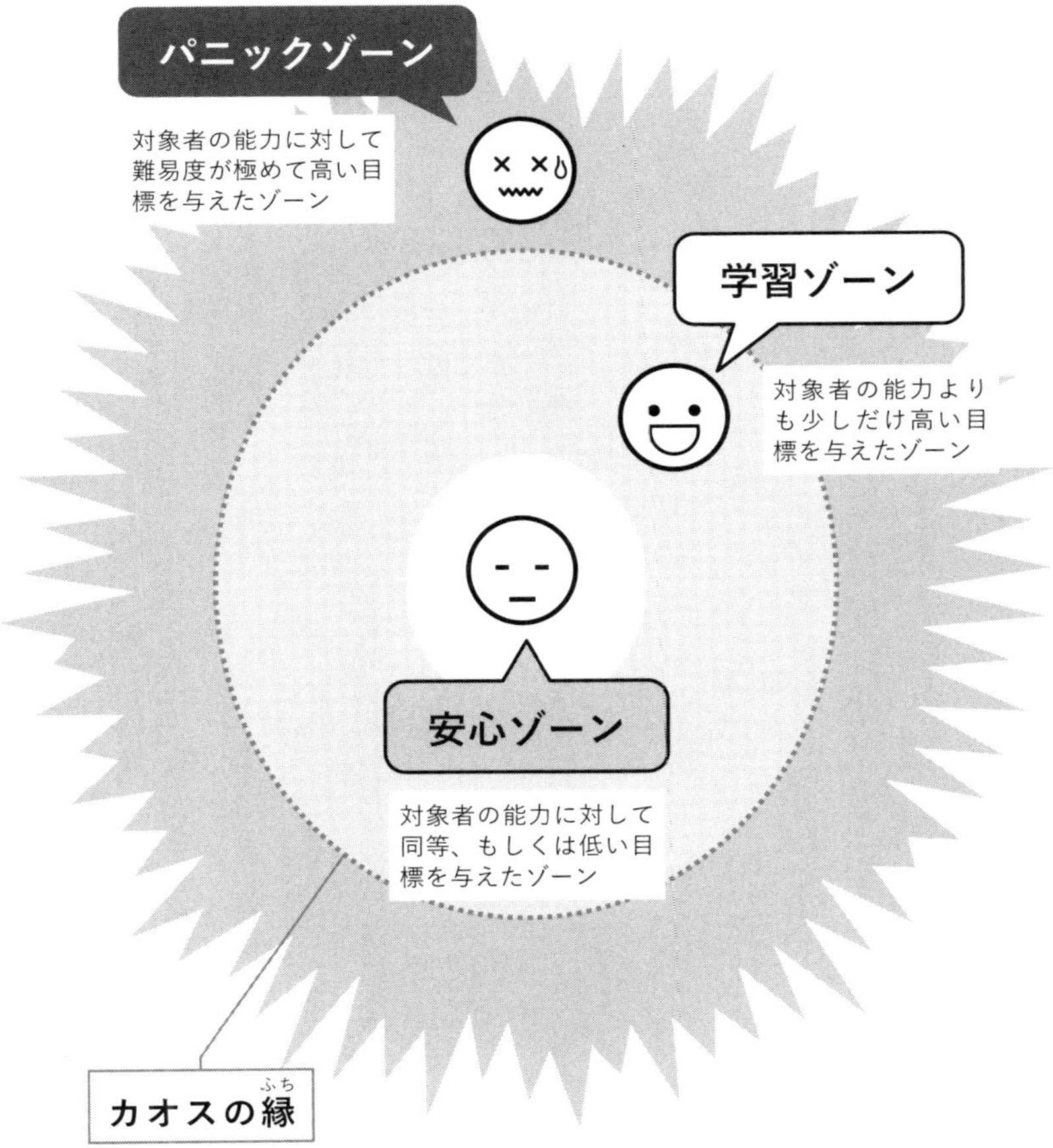

パニックゾーンのカオスまではいかないギリギリの部分で
活性化という点では最も望ましい状態

■プロジェクトの目標とメンバー個人の目標を一致させる

プロジェクトの目標達成には、「要素」の達成が不可欠です。この要素とは、チームメンバーの個別の目標になります。つまり、**チームメンバーの個々の目標達成の積み重ねが、プロジェクト全体の成功に結び付いているのです。**この時、チームメンバーが目標達成に向けて能動的に考え、モチベーション高く行動することが求められます。

メンバーに「ストレッチ目標」を与えることをお話ししましたが、もうひとつ、**目標設定に重要な要素があります。それは、チームメンバー「個人の目標」と、「与える目標」を一致させることです。**

チームメンバーはそれぞれ何かしらの理由があり、今いる組織で仕事をしています。その理由は「個人の目標」と結び付いていると考えられます。

例えば、チームメンバーと話す時に「そういえば、伊藤さんってどうして今の仕事をしているんですか?」とさらっと聞いてみてください。もちろん中には「生活をするためですよ」や「給与が良いので」などと回答される場合もありますが、もうちょっと深く聞き出してみましょう。例えば「生活をするためだったら他にもいろいろな仕事がありますよね。なぜこの仕事を選んだのかなと思って」などです。こういった対話を続けていると、今の仕事をしている本質的な理由がいくつか出てくるものです。

「今は法務をしているけれどWEBの技術を学びたかった」「今はオペレーションにいるけれどマーケターにあこがれていた」「人がいっぱいいて、ワイワイできる職場で仕事をしたかった」「将来的に会社を起業したかったので、早く昇進できていろいろな業務を体感できる会社で仕事をしたかった」などです。これらは過去のプロジェクトで、実際に私が聞き出したチームメンバーの声の一部です。

ここには、WEBを学びたい、マーケターになりたい、ワイワイしたい、会社の業務を学びたいなど、個人の目標が含まれています。この目標と、プロジェクトで与える個々のメンバーの目標をリンクさせるのも、リーダーの仕事です。

例えば「法務関連のワークパッケージ以外に、WEB制作のタスクの一部を担当してもらう」「オペレーションのワークパッケージ以外にマーケティングのタスクを担当してもらう」「プロジェクトのキックオフや終了報告会、定例会などのアレンジをしてもらう」「起業時に必要になるコスト管理を、タスクとして行ってもらう」などです。

これは、メンバーにとって「ストレッチ目標」です。またタスクの**目標は経験のない未知なものですが、個人の目標とリンクする目標であるため、能動的に考えて行動し、何よりも**

活き活きと活動してもらえるはずです。

このように、**個人の目標と、プロジェクトで与える目標をマッチングさせることも、リーダーの役割です。そしてそれが、プロジェクト目標達成の確度を高めてくれる**ことでしょう。

リーダーは目標達成のために、チームメンバーにストレッチ目標を与え、学習ゾーンの中でモチベーションを保ちながら快活に活動できるようにしていきましょう。メンバーの能力を把握し、適宜目標を設定したり微調整するのも、ゴールにこだわるリーダーの重要な役割であり、目標達成に導く重要な要素になります。

POINT

メンバーに少し高い目標を与え、個々人の「将来の目標」と「プロジェクトの目標」をリンクさせることでモチベーションを高める。

PROJECT LEADER

07 節目ごとに、「マイルストーン」でゴールを再確認する

リーダーの重要な役割として、ゴールを定期的にチームメンバーやステークホルダーに明示する必要があります。特に、プロジェクトのビジョンやプロジェクト憲章の内容などは明示しなければなりなりなせん。

■ゴールを再認識し、要求事項を満たすことを忘れない

プロジェクトが実行フェーズに入ると、チームメンバーは目の前のタスクに懸命に取り組み、リーダーも課題解決などのあらゆる「やりくり」に取り組みます。多忙を極める中、**ついついプロジェクトの目的や目標を忘れてしまうこともあり、「何でこんなことやってるんだろう」と考えてしまったり、課題解決や意思決定の過程で、目的や目標とずれた行動をしてしまったりします。**

例えば、高齢者向けの商品を販売している会社が、売上をさらに高めるという目的で、新たに通信販売の事業を開始する目標のプロジェクトがあったとします。

通信販売の決済に関するタスクで決済会社との選定と契約があります。その際、口座振替、クレジットカード、代引の決済オプションを考えていたが、代引は代引手数料が予想よりも高く、またオペレーションも煩雑になるため、代引をやめる提案を変更会議に持ち込もうとしたとします。

こうした社内の事情もよく理解できますが、これは、もともとの目的や目標とずれてきてしまっている可能性もあります。

目標を構成する要求事項として、当初の調査の結果、高齢者には代引というオプションが必要だという合理的な理由があった場合、それを社内の事情でやめるというのは目標の一部を忘れてしまっていることに他なりません。さらに代引をやめることで、お客様に通信販売の利便性を感じていただけず、売上が計画よりも下がってしまう結果になれば、目的も達成できません。

この場合、代引をやめる提案を要求するのではなく、代引手数料が計画よりも高くなることに対して、コストの変更を要求するという選択肢もあります。

このように、ついついプロジェクトの目的や目標を忘れ、目標達成から遠のいてしまう判断をしてしまうことがあります。それを防ぐには、**定期的にゴールをリマインドする（思い出させる）ことが大切です。**

会社組織でも重要な会議の前には社是、経営理念、ミッション、ビジョンなどを改めて共有し、何のためにこの会社があり、どう行動しなければならないのかをリマインドする機会があります。プロジェクトでも同様の過程が必要なのです。

■マイルストーンでプロジェクトの方向性を確認する

プロジェクトでは重要な節目として「マイルストーン」を設定しています。この**マイルストーンは、要素成果物の納品日や、フェーズ終了時、定期的な監査等のプロジェクトゲート、ステアリングコミッティー、定例会などさまざまな節目に設定します。**この重要なタイミングで、リーダーはプロジェクトのビジョンを共有したり、プロジェクト憲章を読み返したりするなどして、**定期的にプロジェクトの目的・目標を共有してください。**

今一度、本書で紹介した「ロホホラ」のゲーム（66ページ）を思い出してください。ロホホラを知らない人たちはみんなバラバラの絵を描いてしまいます。同じように、プロジェクトの目標のビジョンをチームメンバーやステークホルダーと共有していなければ、バラバラな行動をしてしまいます。

たとえ、プロジェクトの目標やビジョンをプロジェクトの初期に共有しても、それをチームメンバーやステークホルダーが忘れてしまったり、もしくは目標やビジョンが時間の経過とともにブレてしまったりすれば、同じくバラバラな行動をし、こうした事態に陥ると、目標の達成が難しくなります。

プロジェクトは、要求事項を満たすアウトプットを期日までに納品するために一致団結して進んでいるので、リーダーは、目的・目標を見失う事態を避けなければなりません。**目標達成を目指すために、チームメンバーやステークホルダーの耳にタコができるほど、目的・目標を伝え続けていく必要があるのです。**

POINT

リーダーはプロジェクト成功のために、マイルストーンなどで目標とビジョンを再確認する。

PROJECT LEADER

第3章

ゴールに向かう「過程」でプロジェクトリーダーの特徴を出そう！

PROJECT LEADER

01

プロジェクトの5大要素のバランスを徹底的に意識する

プロジェクトの実行プロセスで、リーダーは5大要素のバランスを徹底的に意識しなければなりません。**プロジェクトの5大要素とは、スコープ（成果物とタスクの範囲）、スケジュール（時間）、コスト（予算）、リスク（不確実性）、リソース（資源）です。**この5大要素はすべてリンクしています。

例えば、実行プロセス中に顧客企業から「ごめんなさい、スコープでこのアクティビティが漏れていました。追加していただけませんか」と言われたとします。もともとのプロジェクトのアクティビティ数は１００あると仮定し、追加を要請されているのが10だとします。

この場合、プロジェクトスコープは10％増加したことになります。この追加アクティビティを誰がやるのか、その時のその他資源はどうするのかというリソースの変更、さらにいつやるのかというスケジュールの変更が発生します。新しいアクティビティで「ヒト、モノ、情報、時間」が動けば、コストが変動します。新たなリスクも特定されます。

■5大要素は、いずれかひとつが変化すればすべてが影響を受ける

このように**5大要素とは、何かが変動すれば、それに連動して変化する要素なのです。**

プロジェクトの実行プロセスは、リーダーの皆さんが、次ページの図のように五角形のお盆の上にボールをのせて、落とさないようにバランスを保ちながら持っているのと同じ状況です。

五角形のそれぞれの角はスコープ、スケジュール、コスト、リスク、リソースだとイメージしてください。お盆を傾けてバランスを崩すとボールが落ちてしまいます。このボールが落ちる状態が、プロジェクトの炎上を引き起こす状態といえます。

先ほどの例ですと、スコープに10％の追加を要請された時、その他の要素であるスケジュール、コスト、リスク、リソースを検討しないままそれを受け入れた場合、五角形のお盆のスコープ部分の角が10％持ち上がってしまうと想像してください。するとお盆は傾き、ボールは落ちてしまいます。

ボールを落とさないためには、**変更会議などを行い、ひとつの要素を変更させた場合、他**

5大要素のバランス感覚が重要

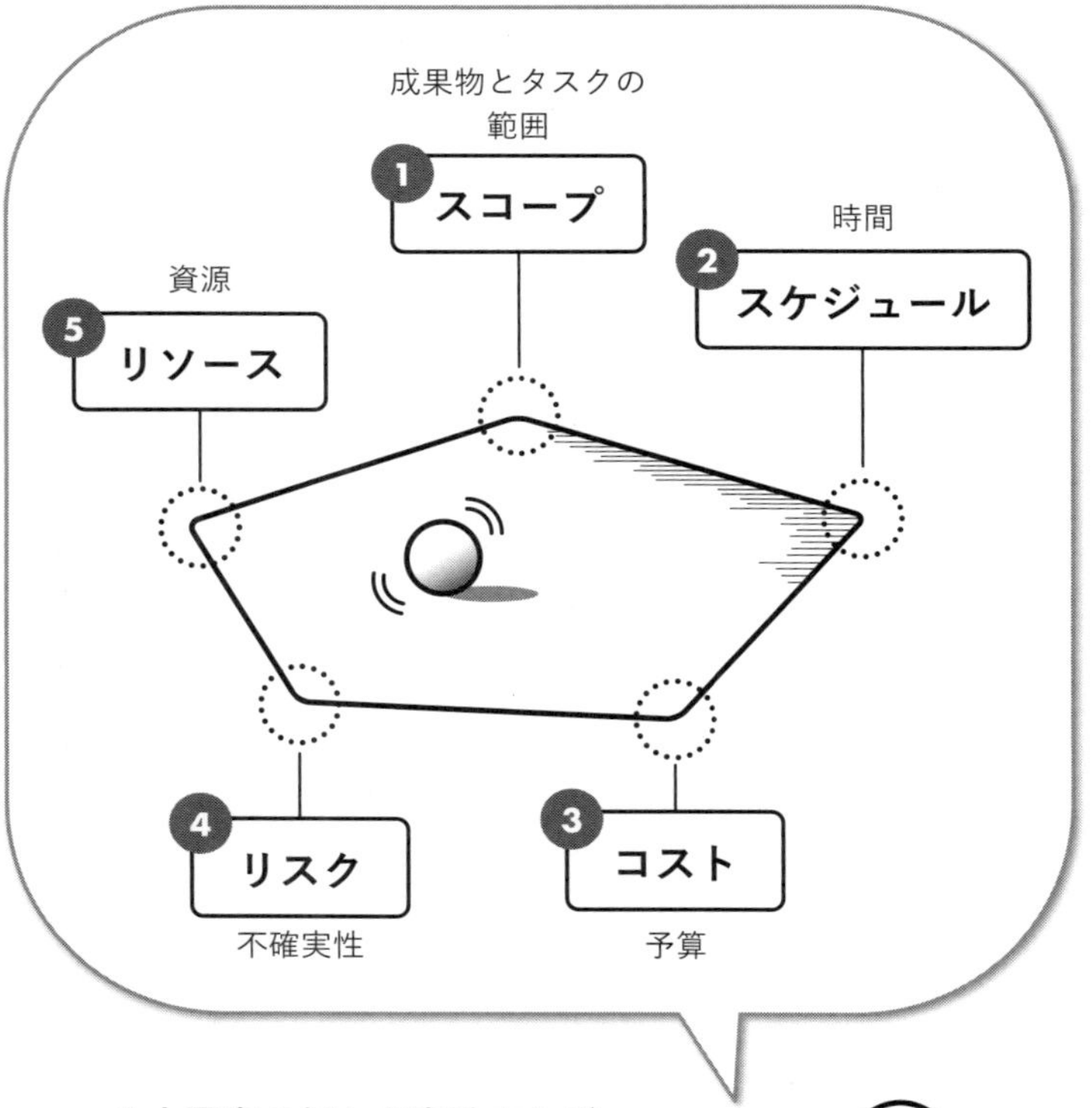

5大要素の何かが変動すれば、その他の要素すべてに影響する。バランスを考えながら変更の意思決定をすること。

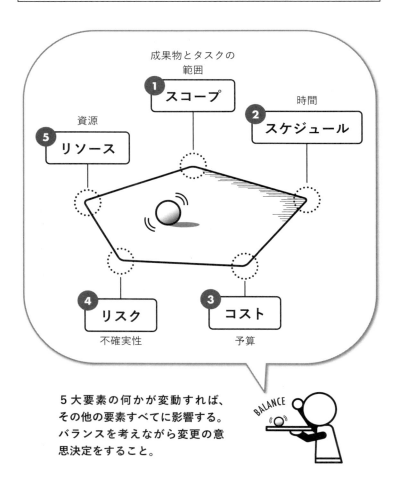

の要素がどう変化するのか、こうした変更が受け入れ可能か否かを、迅速かつ的確に検討し、意思決定しなければなりません。

そのためリーダーは、要素がどう変化するのかについて、その情報を変更会議に提示する必要があります。

●計画変更には、合理的思考で協議し決定する

発注者側のプロジェクトでよくあるのが、経営層からのスケジュール変更（納期が短くなる）やコスト変更（コストが削減される）です。

この場合、目標達成のために必要最低限のスコープに削減する、削減に伴うリスクを見直す、リソースを最適化するといった変更事項について会議で協議し、意思決定をリードしていく必要があります。

受託側のプロジェクトでは、「スコープクリープ」と呼ばれるスコープの追加などが考えられます。この場合、スケジュールやコスト、リスク、リソースなどの追加を考慮しなければなりません。コストやスケジュールの変更が難しい場合は、スコープ内で優先順位を決めます。つまり、**スコープ追加受入れの代わりにやらないこと（Out of Scope）の検討、ま**

たはこれら双方の調整などを経て変更会議で協議し、意思決定をリードしていかなければなりません。

プロジェクトでは、当初の計画が変化していきます。これはプロジェクトの目標や計画が未来のことであるため、実際にプロジェクトが走り出してからでないと、理想と現実の乖離が見えないからです。

こうした変更は当然起こることです。**プロジェクトリーダーとして重要なのは、変更を嫌うのではなく、目標達成のために必要な変更であれば、合理的な思考のもと、調整し、リードしていくということです。**

POINT

プロジェクトには変更がつきもの。リーダーは、スコープ、スケジュール、コスト、リスク、リソースの五大要素のバランスをとる。

PROJECT
LEADER
02

ゴールへの過程における、計画と現実のズレの是正、予防について

プロジェクトリーダーは、実行プロセスにおいて進捗を管理していきます。進捗管理とは、プロジェクトが計画通りに進んでいるのかを確認し、管理していくことです。プロジェクトの5大要素で見ると、**スコープ、スケジュール、コスト、リスク、リソースが計画通りに進んでいるかを確認します。**

ここでは、計画と実績との差を見つけ出すことが重要です。

・スコープ…………計画通りの作業範囲を維持しているか、変更はないか
・スケジュール……計画通りのスケジュールで作業が進んでいるか、早すぎないか、遅延していないか
・コスト…………計画通りに予算を消化しているか、多すぎないか、少なすぎないか
・リスク…………リスク対策が計画通りに行われているか、またはリスク計画における項

目の増減、変更はないか
・リソース…………計画通りにリソースが確保・稼働されているか、変更はないか

プロジェクトリーダーは、目標達成のために計画を進めていきます。もし目標や計画が合理的な理由をもって会議などで承認され、変更された場合は、変更後の計画の進捗を管理する必要があります。**もし、計画と実績のズレがあれば、「是正措置」または「予防措置」を考え、計画通り進むように「やりくり」していく必要があります。**

■計画通りに戻すために行う是正措置

「是正措置」とは、計画と実績の差があった場合に、計画通りに進めるための施策立案、指示、活動です。

例えばAというワークパッケージの進捗が遅れており、スケジュールの遅延が発生していたとします。その理由が、Aのワークパッケージのチームメンバー全員が参加する会議が多く、会議の度に作業が止まっていることだとします。また会議時間や会議のアジェンダも決められていないことから、会議が長時間になっていることが判明したとします。

この場合、スケジュールを計画通りに戻すために、遅延している分の作業時間を割り出し、確保する施策が必要になります。

具体的には、Ａのワークパッケージを任せるチームでの会議体系を見直し、誰がどの会議に参加するかを決め、作業が中断しないようにする。さらに作業時間を追加するため、遅れを取り返すまでの期間の会議回数・時間を設定し、その中で生産性の高い議論ができるようなアジェンダの設定などを行う施策を立案し、指示し、実行に移します。

■他のアクティビティへの影響がある場合に予防措置をとる

「予防措置」とは、特定のアクティビティの計画と実績の差を生み出す要因が、他のアクティビティでも計画と実績の差を生み出す可能性がある場合に、今後の計画と実績の差の発生を予防することです。

先ほどの例だと、Ａのワークパッケージを任せるチームに対する是正措置を行い、遅れを巻き返したとしても、その後、以前と同じような会議をしていては再度スケジュールの遅延を起こす可能性があります。同じようなことが発生しないように、適切な会議体系、時間、回数、アジェンダなどを施策立案、指示、実行していきます。

さらに、Ａのワークパッケージを任せるチーム以外のチームでも、同じような会議をしていれば同様の事象でスケジュール遅延が発生してしまう可能性もあります。Ａのワークパッケージチームと同様、予防策を立案して指示、実行していきます。

このように**リーダーは、進捗管理で得た情報を基に、是正措置や予防措置を駆使し、計画通りに進むよう努力しなければなりません。**なお、是正措置、予防措置を講じても計画通りに進まないと判断した場合は、その合理的な理由をもって計画の「変更要求」をします。この場合、合理的な理由を基に決裁されるように変更会議をリードしましょう。

POINT

計画の進捗を把握し、計画通りに進めるための是正措置と、今後同様の事象が発生しないための予防措置を駆使する

PROJECT LEADER

03 リーダーに求められるレポーティングの3大要素とは

プロジェクトのリーダーは、定期的にプロジェクトチームメンバーやステークホルダーに対して、メールや会議などでプロジェクトの進捗を報告します。レポーティングのフォーマットやコミュニケーション媒体、その頻度は企業や組織によって異なりますが、リーダーとしてのレポーティングにおいて、重要な要素が3つあります。

それは、**現在、過去、未来の視点を持ってレポーティングするということです。**

例えば、プロジェクトの進捗レポートで、「アクティビティAは現在作業中／計画より1週間遅延」、「累積コストは計画より10％増加」など、状況のみが記載されていたらどうでしょうか。レポートの読み手の視点に立つと、こういう疑問が浮かんできませんか？

・「なぜ、アクティビティAは1週間も遅延したのか？」
・「なぜコストは10％も増加したのか？　その原因は？」

・「アクティビティAが1週間も遅延していて、この後は大丈夫なのか？　巻き返すということなのか？　後のアクティビティのスケジュールを変更するのか？」
・「増加コスト分はどうするのか？　今後どう対応して回収するつもりなのか？　もしくはコストの変更要求があるのか？」

レポートでは、メンバーやステークホルダーに対してこれらの疑問を持たれないようにする必要があります。

■「現在、過去、未来」の要素を入れる

プロジェクトの進捗レポーティングでは、次の3つを満たすことが重要です。

①計画と実績の差を正確に把握し、事実を「現在」の要素としてレポートする
②計画と実績の差が発生している要素について、なぜそれが発生したのかという原因を「過去」の要素としてレポートする
③計画と実績の差が発生している要素について、今後どう対応していくのかという是正措

置、予防措置、変更要求などを「未来」の要素としてレポートする

先ほどの例ですと、

◎アクティビティAは現在作業中／1週間遅延→**現在**
・原因：作業手順が計画の5工程ではなく10工程を実施していた→**過去**
・対策：是正措置として計画の工程に修正済み。今後、会議時間を短縮し作業時間を確保。アクティビティ期日X月X日に完了する見込み→**未来**

◎累積コストは計画より10％増加→**現在**
・原因：B資材の購入に対する支払は10月31日の予定であったが、先払いであることが判明し、9月30日に前払いを実施→**過去**
・対策：予防措置として他の購買で先払いのものを再度確認済み。本件以外に先払いはなし。当該事象による今後のトータルコストの変更はなし→**未来**

というようなレポーティングです。これはあくまでも例ですが、**起こった問題に対して現**

在、過去、未来の要素を入れることが重要です。

まとめ方が難しいと思うかもしれませんが、この3大要素は、皆さんが日々使っていることです。

例えば、東京の職場から横浜のお客様先に移動し、打ち合わせをするという予定があったとします。計画では、電車で1時間の移動です。職場を出発し電車に乗りましたが、途中で電車遅延が発生し電車が止まってしまいました。

この時、皆さんは他の路線で行くか、交通手段を変更するかなどを考えます。お客様先に到着が遅れる場合は、お客様に遅れる旨の一報をするでしょう。

「大変恐縮でございますが、御社に向かっている途中、品川駅で電車が止まってしまいました（現在の視点）。電車の信号トラブルのようです（過去の視点）。これより他の路線で向いますが、10～15分程度遅れてしまいます（未来の視点）」という連絡です。

この一報にも、現在、過去、未来の視点が含まれていますね。リーダーとして、この3大要素をレポーティングに必ず入れるようにしましょう。

■長いレポートは読まれない。重要事項は「サマリー」でまとめる

プロジェクトのリーダーを目指す皆さんのために、レポーティング力を向上させる手法をいくつか特別にお伝えします。

それは**「レポートを読んでもらえるものにする」ということです。**さらに説明すると、「読んでもらえないものという前提で、読んでもらえるものにする」工夫が大切なのです。

プロジェクトの現場は常に忙しい状況です。そしてステークホルダーたちもプロジェクト以外の仕事に追われています。そんな中、何十ページにもわたるレポートが紙で届いたり、長文のメールが届いたりしても、メンバーやステークホルダーは読まない可能性があります。

特に経営層に近くなればなるほど、長いレポートすべてに目を通しません。プロジェクトのリーダーとして、プロジェクトの進捗を共有できないことは、プロジェクトの目標達成の確度に関わってきます。

例えば「そんなこと知らなかった」「聞いていなかった」「もっと最初に手を打っておけば良かった」という声が上がったとしたら、それは、報告しているにもかかわらず、読まれていない、または伝えきれていなかったと考えられます。

プロジェクトが大きくなればなるほど、プロジェクトレポートの情報量も多くなります。

そのような時は「サマリー」を作成しましょう。

サマリーとは、「概要、要約」という意味です。紙のレポートでしたら特記事項や決裁必要事項などをコンパクトにA４用紙１枚程度にまとめ、レポートの冒頭に付けます。詳細をその後に添付する形にします。メールなら、メールの冒頭にサマリーとして特記事項や決裁必要事項などを、30秒〜１分程度で読める分量にまとめ記載します。詳細はその後に付記します。

■読みたくなる「注意喚起」をタイトルに入れる

ステークホルダーにはさまざまなタイプの人がいます。中にはプロジェクトへの「興味・関心」が低いステークホルダーもいますし、すでに記載したように、興味・関心はあるものの多忙で時間を割けないステークホルダーもいます。

リーダーは、あらゆるステークホルダーに対し、プロジェクトの進捗を定期的に説明し、共有する必要があるのですが、「レポートの表紙をめくってもらえない」「メールで送ったレポートを開封してもらえない」ということがあるかもしれません。

こういう事態を避けるため、表紙やメールの件名などを工夫し、プロジェクトの進捗を伝えるようにすることをお勧めします。

例えば**表紙や件名に「状況：順調」「状況：注意状態」「状況：リスク事項あり」などと目にとまるように書いて注意喚起します。**相手が気になるタイトルであれば表紙をめくってくれたり、メールを開封してくれる可能性が高まります。

もちろんプロジェクトの進行が危機的状況であれば、レポーティング以外でもステークホルダーにアプローチしなければなりません。しかしステークホルダー全員に電話や会議などで状況を報告できないこともあります。まずレポーティングで報告し、相手からのレスポンス（返答）に応じて次の対策をとる事態もありますから、**「読まれるレポートを作る、工夫する」ことはリーダーにとって重要な仕事のひとつです。**

POINT

レポートには「現在（現状）、過去（原因）、未来（対策）」の視点を入れる。また、すべてのステークホルダーが目を通すように、サマリーやタイトルを工夫する。

PROJECT LEADER

04

所用期間が最も長い経路「クリティカルパス」に着目する

プロジェクトスケジュールの進捗管理、および進捗への対応について、リーダーとして押さえておくべきポイントをお伝えします。それは、**「クリティカルパス」に着目し優先的に対応することです。**プロジェクトを経験したことがある皆さんも、今一度、クリティカルパスについておさらいしてみましょう。

プロジェクト実行中はさまざまな事象が発生しますが、リーダーの稼働時間は限られています。担当するプロジェクトやワークパッケージが大きくなればなるほど、すべての事象に同じ労力で対応するのは難しくなってきますので、スケジュールに関する管理や各種対応についても優先順位を付けて対応しなければなりません。

プロジェクトは要求事項を満たす成果物を期限までに納品する必要があります。スケジュール管理は、成果物を「期限」までに納品するために行っています。では、期限に直接影響している要素は何かというとクリティカルパスです。

●クリティカルパスに期日遅延リスク要素がある

例えば197ページの図のようなアクティビティの経路があったとします。Aの活動3日間が終わったらBとDの2つの活動に分かれます。Bは活動期間10日間であり、B活動が終わったら、Cの活動のために10日間をかけるとします。

Dは活動期間5日間で、Dの活動が終わったらEの活動のために5日間かけるとします。Cの活動とEの活動が2つとも終わったらFの4日間の活動が開始できるとします。

この時A→B→C→Fのルートの総活動期間は27日間です。一方、A→D→E→Fのルートの総活動期間は17日間です。

プロジェクトにはこの2つのルートしかなかったとしたら、当該プロジェクトのクリティカルパスは所用期間が最も長い経路であるA→B→C→Fのルートとなります。そしてこのA→B→C→Fのルートがプロジェクト全体の期日に影響しています。

なぜかというと、**A→B→C→Fのルートは最も長く、ルートの中のA、B、C、Fのいずれかでスケジュールが遅延して何も手を打たなければ、プロジェクト全体の期日に間に合わなくなるからです。**

一方でA→D→E→Fのルートはクリティカルパスよりも10日間所要期間が短いです。D→Eの活動期間がB→Cよりも10日間短いからです。従って、D→Eのルートで何かしらのトラブルがあり10日間以下の遅延があっても、プロジェクト全体の期日には間に合うのです。

リーダーがスケジュールを監視・コントロールし、管理する場合、プロジェクト全体の期日に影響をおよぼすクリティカルパスを優先する必要があります。つまりA→B→C→Fのルートを、A→D→E→Fよりも手厚く管理しなければなりません。

クリティカルパスを形式的に導き出しているだけ、もしくはクリティカルパスを導き出したことがないという方は、ぜひこの機会にやってみてください。対応の優先順位付けや、プロジェクトスケジュールのどこに注意深く目を光らせておく必要があるのかという観点からクリティカルパスを導き、活用してください。

■生産性の低い期間、意思決定に時間がかかる期間を考慮する

スケジュールの策定、および進捗管理において、スケジュール遅延が発生する可能性が高い重要なポイントをお伝えします。それぞれのアクティビティの適切な所用期間見積りがで

クリティカルパスのイメージ

クリティカルパス
＝
所要期間が最も長い経路

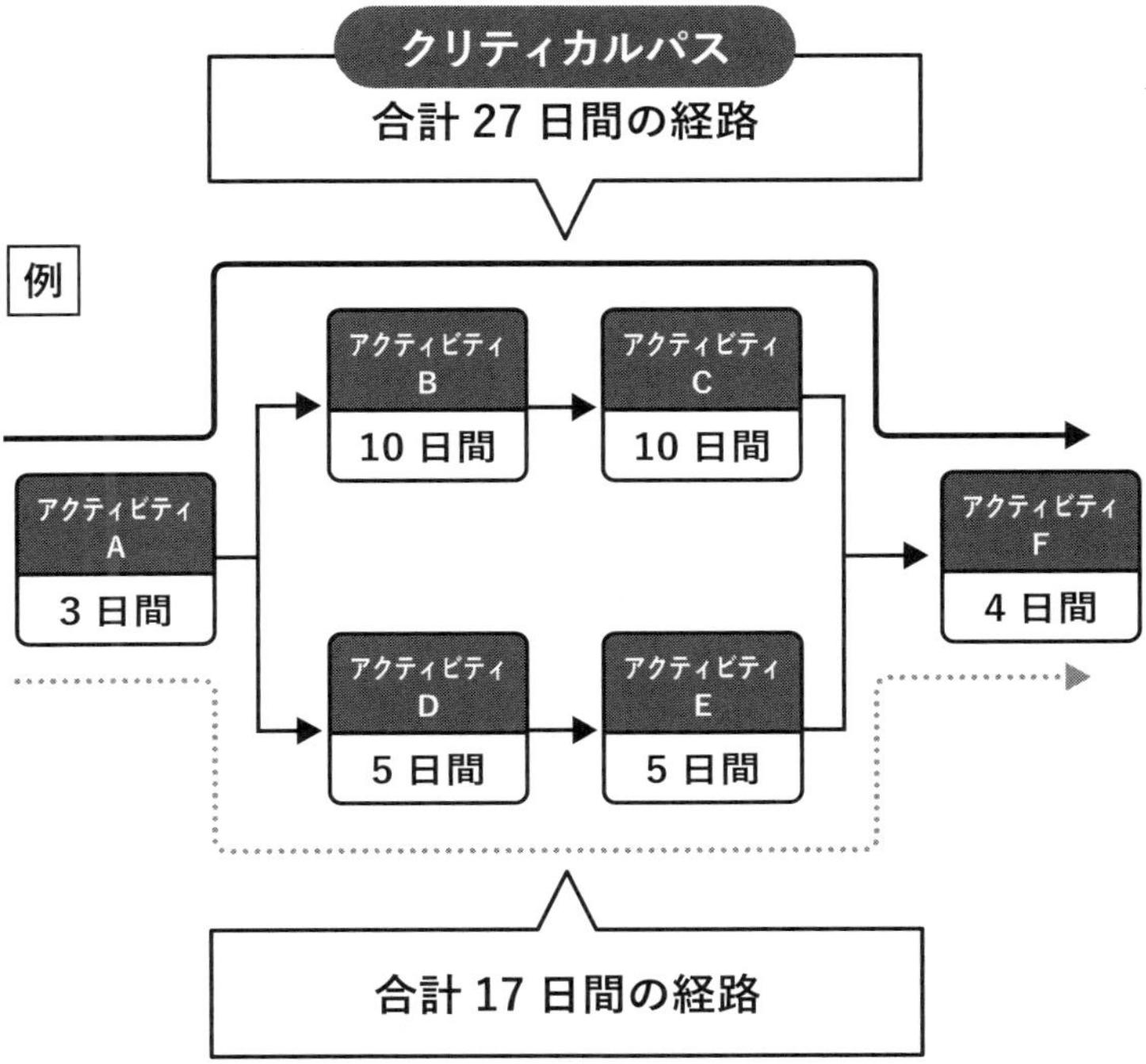

きていても、スケジュールが遅延するのは、「生産性」と「意思決定」の時間を考慮していないことが原因である場合があります。

まず**「生産性」**から説明します。スケジュールを立てる際、もしくはその要素であるアクティビティ所用期間を求める際、チームの生産性が高い状態や、トラブルがない状態の生産性で所用期間を見積ってしまいがちです。しかし、既述のタックマンモデル（59ページ）を思い出してください。チームは**「成立期」→「動乱期」→「安定期」→「遂行期」→「解散期」と進みます。チームビルディングの過程でも生産性は異なります。**

成立期や動乱期は、安定期や遂行期よりも生産性は低くなります。わかりやすくいうと、プロジェクトの進行や環境などに慣れていなければ、生産性が低いのは仕方ないのです。

しかし、プロジェクトスケジュールにおけるアクティビティのすべてを、安定期や遂行期の生産性で所用期間見積りをしてしまうと、プロジェクトの初期で大幅な遅延が発生してしまうかもしれません。**リーダーは経験を積み、プロジェクトの序盤、中盤、終盤で生産性がどれぐらい異なるのかという係数をしっかりと頭に入れておきましょう。**

例えば、序盤は終盤の1・2倍の時間がかかる、中盤は1・1倍の時間がかかるなど、経験上得た係数を自分で持っておくことが重要です。

次に注目すべきは、**「意思決定」**の時間です。例えば、プロジェクト途中で変更要求を上げ、変更会議を開いたとします。しかし、その変更会議の中で、決裁者からさまざまな分析、資料の提示などを求められ、1回の会議で意思決定できない場合などがあります。この他、ステアリングコミティ（運営機関）や監査、品質保証、要素成果物・成果物の受入れ会議、フェーズゲート（プロジェクトの関門）での会議で意思決定などができないというものです。

意思決定に要する時間をスケジュールに加味していないため、スケジュールが遅れるのです。リーダーは「意思決定」についてもアクティビティのひとつと捉え、所用期間を見積るべきなのです。

POINT

プロジェクトを成功に導くには、クリティカルパスのスケジュールを優先的に管理し、生産性が低い時期、意思決定にかかる時間も考慮しておく。

PROJECT LEADER

05

コストの進捗管理にどのように対応するか

スコープやスケジュールの進捗管理の他、**コストもプロジェクトリーダーが注目すべき事項です。**

プロジェクトリーダーはコスト管理表などのツールを使い、コスト計画に対しコスト実績の進捗を確認し、管理します。

左ページの図はプロジェクトの累積コストの計画と、2種類の実績例を描いたものです。Aの実績は累積コスト実績が計画をオーバーしています。こういった状況には、すでに説明したように、原因を特定した上で是正措置を講じます。また、同様のリスクが起こらないように、必要に応じて予防措置も講じます。もし明確な合理的理由があり、是正措置や予防措置を講じられなければ変更要求を行い、変更会議にてコスト計画を変更します。コスト実績が計画をオーバーしている場合、リーダーとしては大変なのですが、対応しやすいと言え

コスト計画と実績の差を示すグラフ

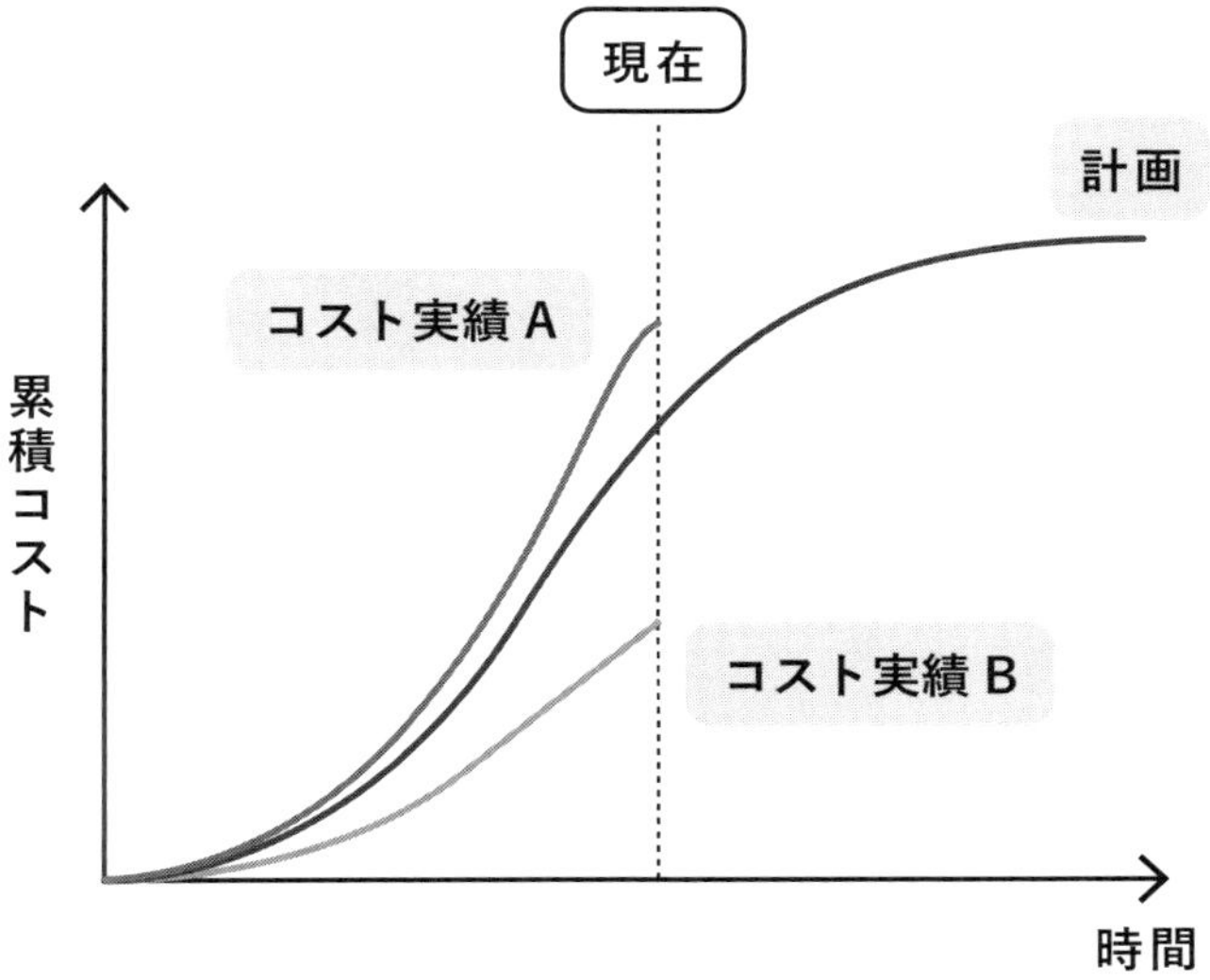

コスト計画に対して、コスト実績が上回っていても、下回っていても、リーダーは「課題が発生している」と考え、対応が必要。

るでしょう。

問題はBの実績です。累積コスト実績が計画を大幅に下回っています。プロジェクトのリーダーは、コスト実績が計画を下回っている時の視点も重要です。「コスト実績が計画を大幅に下回っているので良いではないか」と短絡的に考えてはなりません。この場合、「課題が発生している」と考えます。なぜでしょうか。少し本書から目を外し、考えてみてください。

■コストが下回る＝計画通りに進んでいないと疑う

勘の鋭い方はもうおわかりですよね。簡単にいうと、プロジェクトが進んでいないからコストがかかっていないと考えられます。

すでに述べたように、経営リソースはすべて連動しています。ヒト、モノ、ジョウホウ、ジカンが動いていないのでカネも動かないのです。**プロジェクトの5大要素であるスコープ、スケジュール、コスト、リスク、リソースが変動していないため、コストも計画通り変動していない可能性が高いのです。**

例えば、ガントチャート（工程表）では計画通りに進んでいるように見えても、コスト管理表からよくよくアクティビティを現場確認してみると、実際は進んでいないケースもあります。

またリソース計画通りに人材をアサインしているように見えていても、コスト管理表から現場を見てみると、稼働時間が計画通りではなく、特定のメンバーに負荷がかかってしまっていることもあります。さらに、リスク対策がされておらずコストがかかっていない場合などもあります。

このように、**プロジェクトがうまくいっているように見えても、コスト計画と実績の差が、本当にうまくいっているのかどうかのバロメーターになります。**こうした観点から、リーダーは、コスト管理を重視する必要があるのです。

■ワークパッケージごとの管理で原因を突き止めやすくする

コスト管理でもうひとつ重視すべきは、経理勘定科目で管理するか、ワークパッケージまたはアクティビティごとに管理するかという点です。

多くのプロジェクトでは、プロジェクトの経費は、全社または全組織共通勘定科目による管理になることが多いでしょう。例えば、当該プロジェクトの消耗品費、備品費、人件費、旅費交通費、会議費……などのような区分けです。

こうなると、プロジェクト全体の消耗品費の中でどのワークパッケージがいくら予算を使ったのかわかりにくくなってしまいます。最終的には、プロジェクトの累積コスト実績が計画よりも上回ったり、下回ったりしても、どのワークパッケージやアクティビティが原因なのか、突き止められなくなるのです。

従って、**計画と実績のコスト進捗管理は少なくともワークパッケージ単位で行えるように、設計しておく必要があります。計画段階で手間はかかってしまいますが、ワークパッケージ毎に全社または全組織共通の勘定科目で管理するのが理想です。**プロジェクトが大きくなればなるほど、リーダーとして押さえておきたいポイントです。

POINT

コスト管理からプロジェクトの進捗がわかることがある。
ワークパッケージごとにコスト管理できるように設計しておく。

PROJECT LEADER

06

リスクの進捗管理にどのように対応するか

皆さんは、プロジェクト管理において、リスク分析やリスク管理表作成およびリスク管理表によるリスク管理・進捗管理などを行っていますでしょうか。

私はこれまで、多くのお客様のプロジェクトをリードさせていただきました。また現在でも数多くのプロジェクトマネジメントやＰＭＯ（プロジェクトマネジメントオフィス）をご依頼いただいております。その経験から言えるのは、意外にもリスクマネジメントをされていないケースが多いということです。欧米のプロジェクトでは、リスクマネジメントが徹底されていることが多いですが、日本の企業や組織にリスクマネジメントを徹底されていない傾向があるように思われます。

リスクとは「不確実性」であり、計画や各種ベースライン（基準）から外れることです。外れるということにはネガティブ（脅威）とポジティブ（好機）双方が含まれます。特に**ネガティブなリスクは、設定した目標達成を阻害するものが多いので、プロジェクトリーダー**

は、リスクマネジメントをしっかりと行っていただきたいのです。

■コストとの兼ね合いで効率的なリスク管理が必要になる

確かに、リスクマネジメントには「キリ」がありません。なぜなら、目標や計画は未来にあり、不確実性は必ず発生してしまうからです。また、不確実性を完全にゼロにすることはできません。

そのため、ついついリスクマネジメントを実施しなかったり、または立上げや計画プロセス時にリスクマネジメント計画書を策定していたとしても、リスク進捗管理をしなかったりという事象が発生してしまいます。しかし、**不確実性を「少なく」し目標達成確度を高めるためにはリスクマネジメントが重要です。**

さらに、リスクは完全にゼロにすることはできないため、不確実性を少なくしようとすればするほどリスク対策コストは膨らみ続けます。

プロジェクトではリスク対策コストに膨大なコストをかけ続けることが現実問題として難しいため、キリの良いところでリスクを受容しなければなりません。**リーダーとしてはリス**

ク対策コストの制約内で、効率的かつ的確なリスク管理を行っていく必要があるのです。

そのためには、計画プロセスの際、しっかりとリスクの定性分析・定量分析を行う必要があります。ここではリーダーに必ず実施していただきたい、目標達成を阻害する「脅威のリスク」の各種分析を記載します。

■定量・定性リスク分析でリスクを可視化する

リスク分析にはまず次ページの図のような、最低でも3×3のマトリックスを作成します。縦軸に「リスクの発生確率（Probability）」（発生の可能性の高低）、横軸に「リスクの影響度（Impact）」（目標達成に影響を与える高低）をとり、それぞれの軸に「高」「中」「低」を設定します。

リスクの洗い出しと特定をした上で、リスクを付箋《ふせん》などに書き、当該リスクの「発生確率」と「影響度」を考慮しながら、マトリックスに貼り付けていきます。多様なリスクがマトリックスに貼り付けられたら、それぞれのボックスの中のリスクが同じレベルのものなのか確認します。話を単純化すると、この作業が「定性・定性リスク分析」です。

次にこれらのリスクに数値を与えていきます。例えば、210ページの図のように、それ

リスク分析のための3×3のマトリックス

例

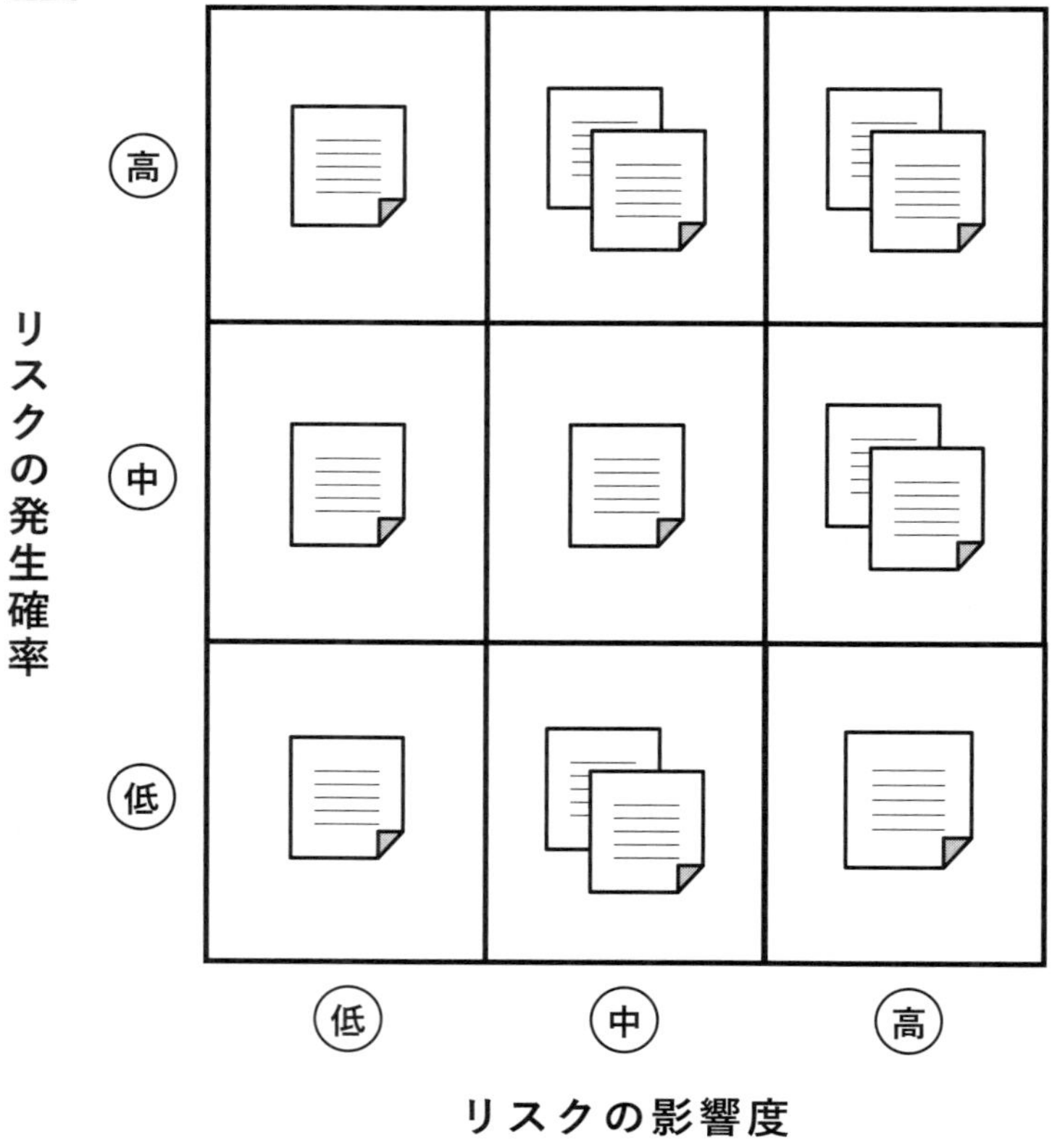

ぞれの軸の「高」に3ポイント、「中」に2ポイント、「低」に1ポイントと割り当てるのです。ボックスの中は縦軸と横軸のポイントの「掛け算」の数値を割り当てます。例えば「発生確率」が3ポイントで、「影響度」が3ポイントのボックスは3×3でリスクポイント9のボックスです。

これで、それぞれのボックス内に入っているリスクにリスクポイントという数値を与えることができました。先ほど、**リスク対策には「キリがない」とお伝えしましたが、次に、リスク対策の「キリ」をつけていきます**（この「キリ」は定量分析後に微調整されます）。

次ページの図で示している「リスク受容ライン」と記載されている部分です。この線よりも外の低ポイントの部分は、「リスクは特定したが、リスクを受容し、発生した際に対応する」と決めます。この図は、リスクポイント4ポイント以上のものはリスク対策を行い、4ポイント未満のものはリスクを受容するというような「リスク受容ライン」の例です。

■リスク管理表でリスク対応策を考え、受容できるリスクにしていく

この結果をリスク管理表にまとめていきます。215ページの図がリスク管理表の例で

3×3のマトリックスの例

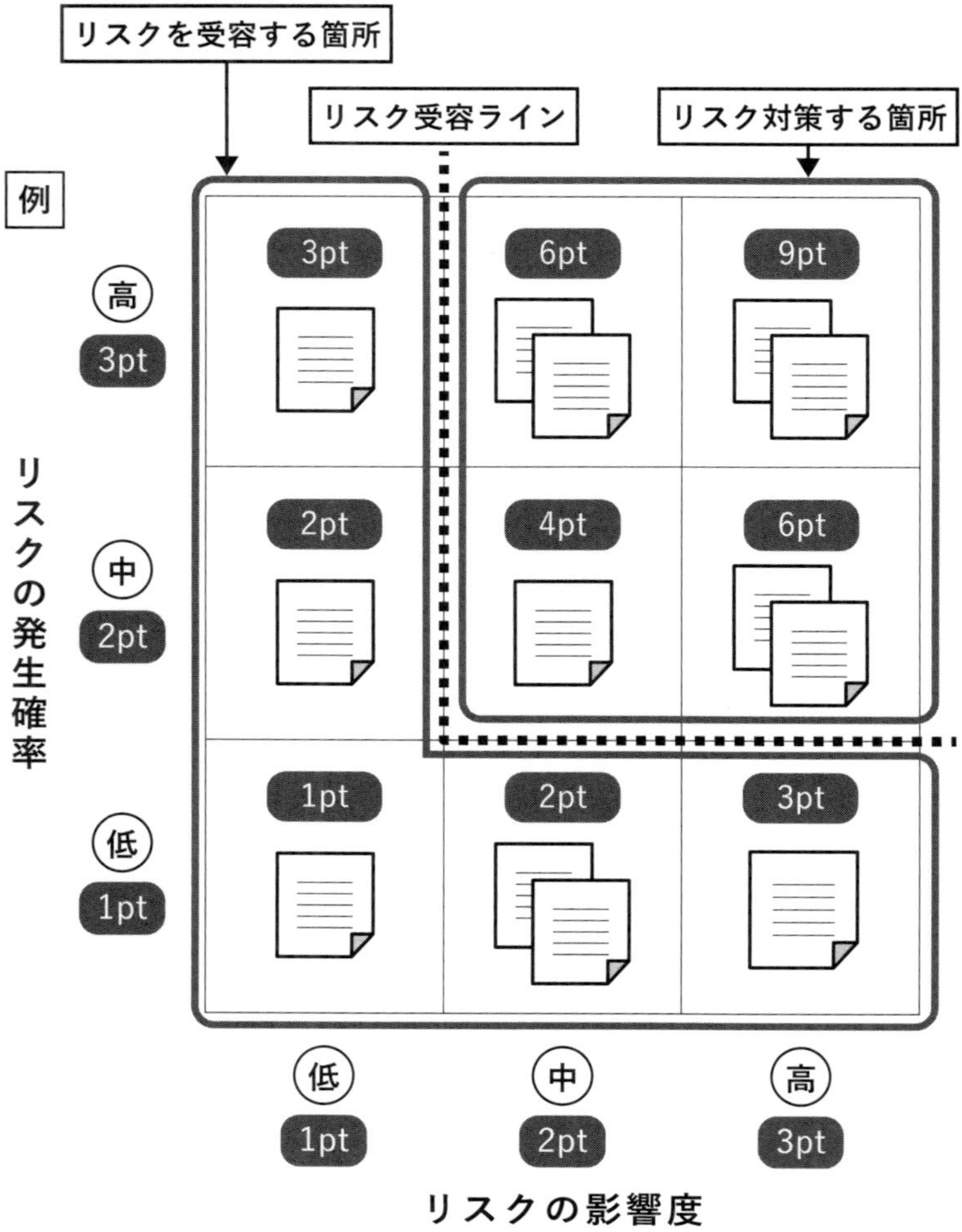

す。それぞれのリスクに「ナンバリング（No.）」し「リスク内容」を明確に記載します。そして**当該リスクがQ（Quality：品質）、C（Cost：費用）、D（Delivery：納期）のどこに影響を及ぼすかを考え、影響区分のフラグを立てます。**

次に、先ほど洗い出した当該リスクのリスク対策前の各種ポイントを記載します。ここでは最低限明記して欲しい「**発生確率**」「**影響度**」「**リスクポイント**」を挙げています。

続いて、当該リスクに対する「**リスク対応内容**」を記載します。「**対応策（区分）**」は、基本的には次の5つです。

・リスクそのものを取り除く「回避策」
・リスクの発生確率や影響度を軽減させる「軽減策」
・リスクを第三者に転嫁・移転させる「転嫁策（移転策）」
・リスクが発生してから行動する「受容策」
・当該リスクがプロジェクト外部のリスクである場合、その対応をしかるべき部署に依頼する「エスカレーション策」

ほとんどの場合、「軽減策」を1つまたは複数講じてリスクポイントを下げていき、「リスク受容ライン」の外に出し、「受容策」にしていく形になるかと思います。

なお、リスクそのものを取り除く「回避策」はほとんどないと考えて良いでしょう。というのも、回避策の多くがリスクを発生させるリソースやアクティビティをやめるという対策になるからです。また、「転嫁策（移転策）」もほとんどないと考えて良いでしょう。転嫁策の多くは、リスクに対する保険（損害保険など）や金融商品（為替や価格変動リスクに備えるオプション取引など）などによる対策などです。

■対応策後の発生確率、影響度、リスクポイントを記載しコストも管理

次に当該リスク対策を行った時の**「対応コスト」**の見積りを明記します。リスク対策を実施する**「担当者」**を明記し、合わせて**「対応開始予定日」**を設定していきます。最後にリスク対策後の**「発生確率」「影響度」「リスクポイント」**を記載します。

なお、リスク対策後のリスクポイントが「リスク受容ライン」未満のポイントになれば、当該リスク管理表に行を追加し、リスクNo.1－2などとし、リスク内容に「No.1－1のリス

ク対応後の残存リスク」などと記載します（リスク管理表例のNo.1－2を参照）。

リスク対応策前の発生確率、影響度、リスクポイントには、もともとのリスクのリスク対応策後の発生確率、影響度、リスクポイントと同様の数値を記載し、リスク対応内容に「リスクを受容する」などと記載し、対応策を「受容」にします。

最後に「コンティンジェンシー計画」の部分に「リスクが発生した場合の備え（コンティンジェンシー予備）や初動対応計画（コンティンジェンシープラン）」などを記載しておきます。

コンティンジェンシー計画とは、予期せぬ事態に備えて、予め定めておく緊急時対応計画です。リスクが発生した時の初動対応計画を立てておいたり、ヒト・モノ・カネ・ジョウホウ・ジカンなどのリソースの予備を取っておいたりし、リスクに備えておきます。

次に、リスク対策をしてもまだ「リスク受容ライン」以上のポイントのリスクを見てみましょう。リスク管理表の例で説明すると、No.2－2がこれにあたります。

「No.2－1のリスク対応後の残存リスク」なので、No.2－2のリスク対応策前の各項目には、No.2－1のリスク対応策後の各項目のリスクポイントが入っており、「リスク受容ライン」以上のポイントです。

20XX 年○月△日現在

対応コスト	担当者	対応開始予定日	対応完了日	リスク対応策後				二次リスク	コンティンジェンシー計画／予備
				発生確率	影響度	リスクポイント	優先度		
¥700,000	伊藤	20XX／6／15	20XX／8／15	1	3	3	中		
									同原材料を扱うサプライヤーを事前に3社をリストアップしておき、余裕在庫が○○ t 以下になった場合、他サプライヤーからも納入することとする。
¥20,000,000	池内	20XX／7／1	20XX／10／15	2	3	6	高		
¥6,000,000	池内	20XX／11／1	20XX／1／15	1	3	3	中	A製品以外の製造ラインの技術者不足による生産量低下または技術者の残業の可能性。	
									製造に特化した派遣会社を事前に3社をリストアップしておき、11月15日の段階でA製品以外の製造ラインからの技術者移動が難しい場合、派遣の導入をすることとする。

リスク管理表（○○株式会社A新製品増産プロジェクト）

No.	リスク種別	リスク内容	影響区分			リスク対応策前				リスク対応内容	対応策（区分）
			品質	費用	納期	発生確率	影響度	リスクポイント	優先度		
1-1	脅威	【アクティビティ 10120】原材料の確保について、他社の動向により定期的な安定確保ができない脅威のリスクがある。これにより期日までにA製品を1,000個製造する要求事項が満たせず、納期が遅れる可能性がある。			○	2	3	6	高	B倉庫を一部改装し、原材料の余裕在庫○○tを確保できるようにする。これにより原材料確保の不確実性を軽減させる。	軽減
1-2	脅威	No.1-1のリスク対応後の残存リスク			○	1	3	3	中	リスクを受容する。	受容
2-1	脅威	【アクティビティ 20100】採用媒体の掲出のみでは、要件を満たす人材を目標数確保する事ができない脅威のリスクある。これによりX作業の工程が遅延し、納期が遅れる可能性がある。また、作業人員不足により、A製品の品質が危ぶまれる。	○		○	3	3	9	高	20XX年6月30日までに確保人数の実績が目標の50%を下回っている場合、採用媒体だけではなく、人材紹介会社複数社と契約し、採用媒体と並行し採用活動を実施する。	軽減
2-2	脅威	No.2-1のリスク対応後の残存リスク	○		○	2	3	6	高	20XX年10月31日までに確保人数の実績が目標の75%を下回っている場合、A製品以外の製造ラインの技術者を一時的に異動し作業を実施する。	軽減
2-3	脅威	No.2-2のリスク対応後の残存リスク	○		○	1	3	3	中	リスクを受容する。	受容

備考　二次リスク：リスク対策をしたことにより新たに発生するリスク
コンティンジェンシー計画／予備：リスクを受容し、「万が一そのリスクが発生した場合」に取るべき計画や備え。

従って、追加のリスク対策が必要です。追加のリスク対応内容には「20XX年10月31日までに確保人数の実績が目標の75%を下回っている場合、A製品以外の製造ラインの技術者を一時的に異動し作業を実施する。」などを記載しています。

このように、リスク対策後のリスクポイントが「リスク受容ライン」以上のポイントであれば、当該リスク管理表の行の下にリスク№2－2、№2－3、……などと「リスク受容ライン」未満になるまでリスク対策を繰り返し、最後に既述のように受容します。

一旦ここまでをリスク管理表に記載し、例えば、リスク対応策前のリスクポイントの高い順から並び替えます。並び替えた後に、「リスク受容ライン」以上のリスクポイントがあるリスク対応コストの総額を出してみてください。

総額がリスク対応予算内であれば、リスク対応を行います。**リスク対策予算を上回った場合は、リスク対策を、例えば生産性がより高いものや安価なものに代替するか、「リスク受容ライン」を再度微調整しながら予算内におさめていきます。**話を単純化すると、このような、リスクポイントなどの数値によりリスクを分析する方法が「定量リスク分析」です。

リスク対策では、まず、計画プロセスにおいて目標達成を阻害する度合いが大きいものから計画し、リスク対策を実行に移していきます。

実行プロセスでもＱＣＤに着目し、先手でリスク対策を進める

実行プロセスでも、同様にリスク管理表を使ってリスクを管理します。**リスク対策が計画通り行われているかという進捗管理はもとより、先ほどのＱＣＤに着目して事前に対策を講じる場合もあります。**

例えば、納期に影響を与えるリスクです。ガントチャートなどから、スケジュールの遅延がある場合は是正措置や予防措置を講ずる必要があることはすでに述べましたが、リスク管理表のＤ（Delivery：納期）に影響を与えるリスクを今一度確認し、これ以上スケジュールが遅延しないようにしなければなりません。

Ｄに影響を与えるリスクへのリスク対策がまだ終わっていない場合、先手で対応する、またリスク対策では「受容」になっているものでも、リスク対策を講じるよう変更要求を出すなどです。費用に対してはＣに着目し、増加をしないように先手を打つこと、品質はＱに着目し、要素成果物や成果物で、要求事項品質をクリアできず検収されないものを増やさないように先手を打つこと、などが考えられます。

リーダーは、**チームメンバーやステークホルダーよりも未来視座を持ち、極力、先手で目**

標達成を阻害する要因を潰していくようにしましょう。

POINT

リスク管理表を使ってリスクを可視化し、リスクポイントを減らすように対策を立て、先見性をもってリスクを潰しておく。

PROJECT LEADER

07

「カオスの縁」を維持し、組織を活性化し続ける

プロジェクトの実行プロセスにおいて、チームメンバーに対するマネジメントで注意しておきたいことを説明します。

すでに本書で、チームメンバーに目標を与える場合、自分ができるよりも少し高い目標である「ストレッチ目標」を与えることが望ましいと述べました。具体的には、「安心ゾーン」「学習ゾーン」「パニックゾーン（カオス）」の中の学習ゾーンに、チームメンバーが入っているのが望ましい状況です（１６６ページ参照）。

■メンバーが「安心ゾーン」に居続けるとチーム力が低下する

プロジェクトが実行プロセスに入り、日々の課題への対応に追われるリーダーは、ついついチームメンバーの変化を見落としがちになります。特に期間が長くなればなるほど、そし

てプロジェクトがうまくいけばいくほどその傾向が強くなるようです。なぜならば、プロジェクトメンバーは粛々とアクティビティを実施し、リーダーは日々の課題対応や進捗管理などに追われてしまうからです。

しかし、チームメンバーは常に変化しています。プロジェクト内のアクティビティを達成していく度に成長していくので、**プロジェクト当初に与えられた目標も容易にこなせるようになり、ストレッチ目標ではなくなることもあります。この状況が続くと、「学習ゾーン」から「安心ゾーン」へ移行してしまうのです。**

「安心ゾーン」ではどのような弊害が起こるかを覚えていますか。

「安心ゾーン」は新たにチャレンジするコトやモノがないために、自分で能動的に新たなことを考える必要がありません。このゾーンにずっと居続けると、リーダーからコントロールされていると感じるようになってしまう弊害と、活動が単純処理になってしまい、モチベーションが下がってしまう弊害があると述べました。この状態はプロジェクトチームの力を低下させてしまいます。

プロジェクトチームが活性化するのは、「パニックゾーン（カオス）」の直前の「学習ゾー

ン」です。この状況は、「メンバーが自己完結できない目標を抱えている状況だが、カオスまでいかないギリギリのところ」であるため、さまざまなコミュニケーションが発生します。

人事面（ヒューマンリソースマネジメント）ではバタバタとしますが、活性化という点では最も望ましい状態です。カオスまでいかないギリギリの部分、すなわち「カオスの縁（ふち）」をどう維持し、チームを活性化させ続けるかがリーダーの手腕になります。

■メンバーの現状に合わせたリーダーシップを発揮しよう

そのためにはまず現場に出て、チームメンバーと対話すること、そして定期的に面談など行い、チームメンバー個々のスキルとモチベーションの両軸を把握することが極めて重要です。

そして、SL理論（90ページ）で説明した「Directing（指示型）」「Coaching（コーチ型）」、「Supporting（支援型）」「Delegation（委任型）」に沿って**適切にリーダーシップスタイルを変更させ、メンバーのストレッチ目標をアップデートしていきましょう。**

例えば、指示型のメンバーには、段階的に委任型にし、徐々にチームメンバーに意思決定を任せていくだけでもストレッチ目標になります。すでに委任型で接しているメンバーには、経験したことのない高度なアクティビティを任せたり、リーダーの活動の一部を任せたりしても良いでしょう。今までよりもワンステップアップの目標を提示し、再度、指示型からリーダーシップを発揮していくこともできます。

「カオスの縁」を維持し、チームを活性化し続けることで、チームメンバーは継続的に成長し、それが皆さんの次の次世代リーダーを生み出す原動力になります。リーダーは、次世代リーダーの育成を兼ねたリーダーシップを発揮していきましょう。

POINT

常にメンバーの変化に注目し、ストレッチ目標を与える。
メンバーが「カオスの縁」にいることでチームが活性化する。

PROJECT LEADER

第4章

プロジェクトにおけるコミュニケーション力を高める方法

PROJECT LEADER

01

大前提となる「送信者ー受信者コミュニケーションモデル」

リーダーは、チームメンバーやステークホルダーと常にコミュニケーションをとる必要があります。まず、基本的かつ重要な要素を学んでおきましょう。

次ページの図は「送信者ー受信者コミュニケーションモデル」です。上側に情報を伝達する送信者がいます。送信者は自らの「思考」をまず「コード化」します。この**コード化とは、思考を言語（文字・数字などを含む）、画像、記号などにし、相手により伝わりやすくする手段です。**さらに簡単に言うと、思考をメッセージにする手段がコード化です。

コード化されたメッセージは「コミュニケーション媒体」を通じて相手に伝えられます。媒体とはFace to Faceのダイアログ（対話・会話）、電話、テレビ電話、メール、チャット、ボイスメール（留守番電話含む）、手紙、ＦＡＸなどです。媒体を通じて受信者にメッセージが伝わると、受信者はそのメッセージを解析し、自らの思考に落とし込みます。

送信者－受信者コミュニケーションモデル

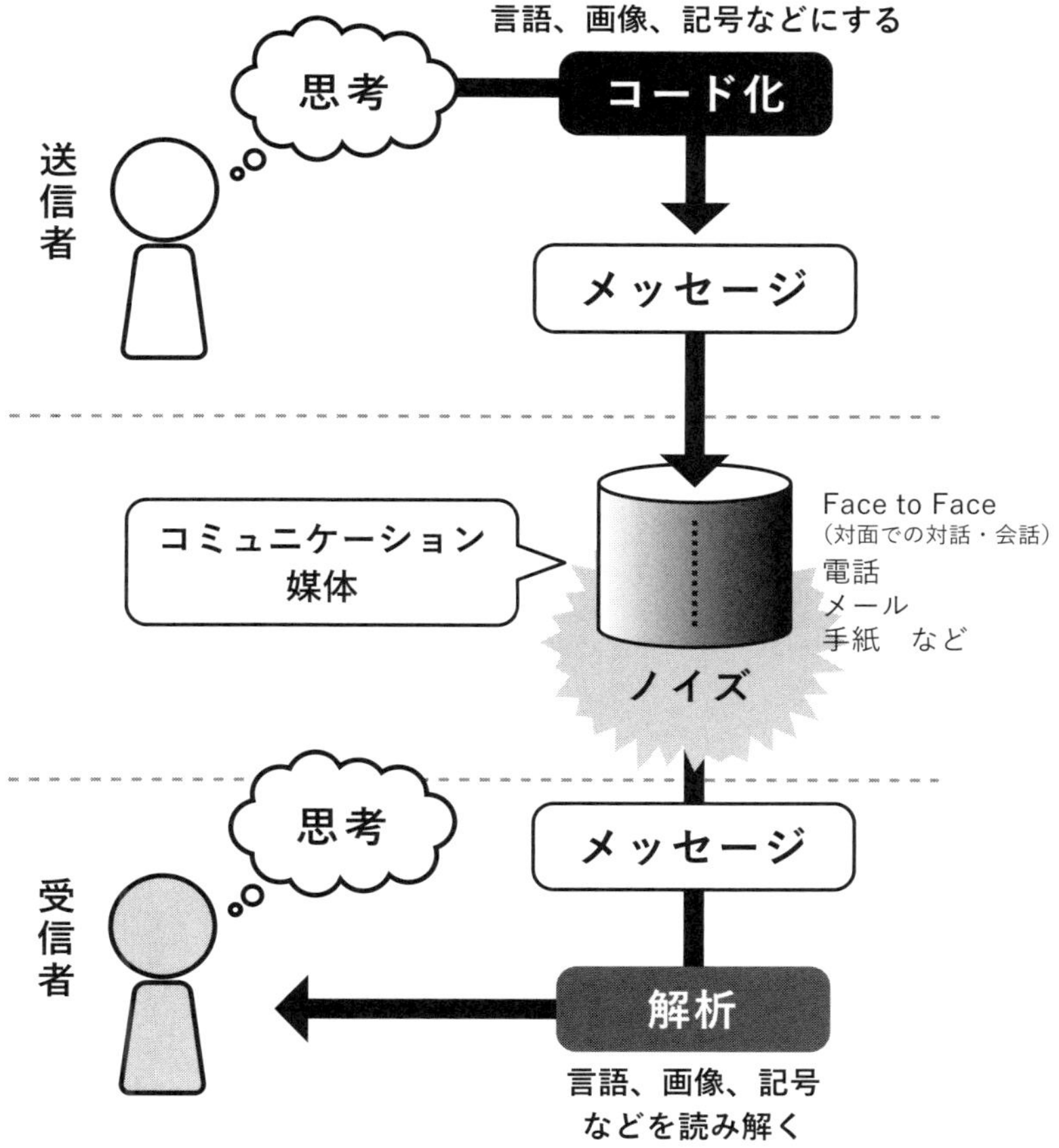

■相手に伝わりやすいようにコード化する

このプロセスにおいて、メッセージの責任者は送信者にあります。自分の思考がメッセージ化され、それが相手に適切に伝わるようにする責任は送信者側にあるということです。自分の思考を相手に伝えたいからメッセージを受信者に送信しているわけですので、当たり前ですよね。

責任者である送信者は、コミュニケーションの基本として3つの要素を押さえておかなければなりません。

1つ目が「適切なコード化をする」こと。

例えば、2013年から2019年の自社の売上を相手に伝えようとします。その時、コード化するには何が適切でしょうか。例えば、文字で書く場合、売上を「二千十三年度弐拾八億四阡萬」などと書く人は少ないと思います。「2013年度　28億4000万円」や「2013年度　2840百万円」などと記載するのが一般的でしょう。従って、このメッセージを伝える時は、文字と数字双方を利用し、金額や年数は数字で書くほうがより適切なのです。

コード化で最も重要なことは、**コード化は自分の思考を相手により正確に伝えやすくするための手段であることを理解し、相手のことを考えてコード化することです。**例えば、相手が英語圏の人で日本語がまったくわからないのに「2013年度　28億4000万円」と日本語でコード化したらどうでしょうか。数字で何となくわかるかもしれませんが、完全に伝わらない可能性があります。それよりも、「FY2013 2.84 Billion JPY」などと書いたほうが伝わります。

さて、「2013年度　28億4000万円」は言語（文字・数字）のコード化として不十分であることにお気づきでしょうか。それは「何のこと」について書かれているのかわからないということです。

皆さんもこんな経験があるかもしれません。

「2万9000円で買えたんだよね。ラッキーだったよ！」
「え？　何が2万9000円で買えたの？」

という主語不足の会話です。先ほどの例だと「2013年度　売上高28億4000万円」

と記載すると、よりよく伝わります。

■相手に伝わらない略語・略字は控える

コード化で気をつけたい点に、アブリビエーション（略語・略字）があります。

皆さんも、顧客企業との打ち合わせなどで、略語が多くて会話の内容がわからないといった経験があるのではないでしょうか。

例えば「当社のＸＰＳはＴＲＤと親和性がありますが、まれにＰＵＰに課題を与えることがあります。ご了承いただけますか？」など。何の意味かまったくわかりません。社内では共通言語かもしれませんが、相手のことを考えていないからこそ発生する不適切なコード化によるコミュニケーションエラーです。

先ほど私があえて「FY2013 2.84 Billion JPY」と記載したのも、これに気づいていただきたかったためです。「ＦＹ」が何を表すかご存じの方もいらっしゃると思いますが、「ＦＹ」は「Fiscal Year（事業年度・会計年度）」の略です。「ＪＰＹ」は「日本円」の略字です。ＦＹやＪＰＹを見たことのない人にコード化して伝えるのは適切ではありません。

言語によるコード化を例に挙げましたが、相手によっては、グラフによって売上高の推移を表現したほうがより適切だったり、もしくは文字や数字であっても、表として表現したほうが適切だったりすることがあります。**送信者は相手のことを考えて適切なコード化をし、コミュニケーションエラーをなくす努力をしなければなりません。**

伝える媒体を選び、周辺環境も考慮する

2つ目は、「当該メッセージを伝えるための適切な媒体を選択する」です。

メディア・リッチネス理論（Richard L. Daft and Robert H. Lengel ,1986）では、情報の複雑性の高低により、適切なコミュニケーション媒体を選ぶべきであるとされています。

例えば、極端な例ですが、複雑な情報を双方向コミュニケーションで迅速に議論する場合、対面による対話と手紙とどちらの媒体が適しているでしょうか。お察しの通り、対話によるコミュニケーションが適切です。この場合は「対面が当たり前」と思うでしょうが、できていないことも多いのです。

例えば、昨今のプロジェクトでは、1対1のコミュニケーションであっても、チャットを使い議論するケースも多いのではないでしょうか。

チャットは同時並行で複数の異なる議論に参加でき、対話や電話ができない環境下でコ

ミュニケーションが取れるといったメリットがあります。しかし、仕事場が1フロアしか違わなく、特段の予定がないのにチャットで議論し続けるよりは、対面で話したほうが、正確にメッセージが伝わりますし、何より効率的です。

また、媒体を選択する際に意外に忘れられてしまっているのが、「非言語コミュニケーション」です。**コミュニケーションをする時に、表情や身振り手振り、声のトーン、感情などの表現が必要な場合は対面やテレビ会議、少なくとも電話を活用したほうがいいでしょう。**

「環境」も大切です。例えば、重要な意思決定のための議論を、コーヒーの香りが漂うざわざわしたカフェではやらないでしょう。社内だったとしても、雑音があるオープンスペースよりも静かで集中できる会議室などで行うと思います。

オンラインの会議では、昔はこのようなことを経験された方がいらっしゃるかもしれません。テレビ会議途中にメンバーの通信環境が悪く、会議から消えたり入ったりする。もしくは、あるメンバーの声にエコーがかかったり、あるメンバーの声とともに街中の雑音が入ったりしてしまうなどです。メッセージを正確に伝えたいなら、「環境」についても送信者が適切に設定していかなければなりません。

■関係性の善し悪しで正確に伝わらないことがある

3つ目は「日頃の関係性を適切に保つ」です。

意外かもしれませんが、これはとても重要な要素です。送信者がメッセージを適切に受信者に伝えるために、適切なコード化、適切な媒体を選択しても、送信者と受信者の日頃の関係性が悪いと、話が歪曲して伝わってしまう場合があるのです。

例えば、送信者が受信者に対して「アクティビティAの期日は○月○日です。よろしくお願いします」と単純にその事実だけを伝えたかったとしましょう。送信者と受信者の関係性が悪く、受信者は送信者にいつも叱られていたとします。受信者は「期日を私に伝えてきたということは、期日に遅れそうだから私にそれを伝えているんだな。私は信頼されていないんだな」などと、送信者が意図していないメッセージを受け取る可能性があるのです。

もしあなたが、普段あまり関係の良くない相手から「感謝の気持ちとして受け取って」とプレゼントを渡されたとします。どう思いますか？「何か裏があるな」、「びっくり箱で驚かそうと思っているのかな」などと勘ぐってしまう方も多いのではないでしょうか。送信者は受信者とコミュニケーションを適切に取るために、日頃から良い関係を保つことが重要です。

実は、ここまでご紹介した３つの要素は、誤って使うと、適切なコミュニケーションを阻害する「３大ノイズ」になります。**不適切なメッセージ化、不適切な媒体の選択、不適切な関係性の構築が、送信者が責任を持って受信者に伝えることを阻害する要因になってしまうのです。**コミュニケーションの阻害要因は、「ボタンの掛け違い」のようなコミュニケーションエラーを生み出していきます。

プロジェクトでは、リーダーだけがメッセージの送信者ではありません。メンバーが送信者にもなります。**リーダーは、チームのコミュニケーション力向上のために、チームメンバーにもコミュニケーションの基本を伝え、チーム内に適切なコミュニケーションの土台を作らなければなりません。**

POINT

メッセージを伝える「送信者」は、相手に伝わりやすくコード化する。そして伝える媒体を適切に選び、日頃から良い関係を構築しておくことが大切。

PROJECT LEADER

02

コミュニケーションのスタートラインは「キックオフ」から

サッカーの試合などで「キックオフ」という単語を聞いたことがあるかもしれません。プロジェクトにおける「キックオフ」とは、プロジェクトの実行プロセスを開始するためのビジネスミーティングです。キックオフミーティングとも呼ばれます。

参加者は、プロジェクトチームメンバー、プロジェクトオーナー（スポンサー）、さらにステークホルダーなどの関係者が含まれる場合もあります。

プロジェクトでのコミュニケーション力はキックオフミーティングから築いていきます。**キックオフがうまくいけばチームのコミュニケーション力は高まります。**逆にしくじれば、チームのコミュニケーション力は高まりにくいといっても良いぐらいキックオフは重要です。

キックオフの重要な目的は、次のように3つあります。

①プロジェクトの目的・目標を達成する意欲を高める
②プロジェクトに関する基本的情報、重要な情報を共有し理解する
③プロジェクトに関係する人たちの相互理解とコミュニケーションのきっかけを生み出す

本書ではすでに①の目的・目標の共有の重要性について、ロホホラなどのゲームなどを用いて説明しました（66ページ）。

キックオフでは、プロジェクトの目標がいかに意義あるものであるかなどを中心に、その目標がいかに魅力的であるかを伝え、チームメンバーの意欲を高めていくことがリーダーに求められます。

②についてはプロジェクトの概要、すなわち目標達成までのスケジュールやコスト、体制やメンバー、プロジェクトマネジメント手法など、基本的な内容や重要な情報を共有します。

ここで重要なのは、**プロジェクトの概要をいかに魅力的にチームメンバーに伝え、「このプロジェクトにチャレンジしたい」とチームメンバーのモチベーションが高まるようにいかに説明するか**ということです。

プロジェクト作業の細かい話はキックオフでは避け、後日改めて行いましょう。キックオ

フでリーダーとチームメンバーが初めて会うケースもあります。初対面のリーダーから、「伊藤さんにはWBSのワークパッケージ31000番台をお願いします。アクティビティ31001は期日○○年1月23日までです。次に31002を1月24日に開始し……、そしてキーアクティビティは31003です。これが遅延する可能性が高い重要なアクティビティになりますので注意点としては……」

などと細かいことを言われたらどうでしょうか。

正直、「何か面倒そうだな……」と思ってしまったり、「リーダーが厳しそうだな」と思ってしまったりして、モチベーションが下がってしまうことにもなりかねません。すると、プロジェクトの推進力になるコミュニケーションにも影響が出てしまいます。

■リーダーが率先して情報を開示し、メンバーからも引き出す

キックオフで**最も重要だと言っても過言ではないのが、③プロジェクトに関係する人たちの相互理解とコミュニケーションのきっかけを生み出すことです。**①、②でモチベーション

を高め、③でこれから一緒に仕事をするお互いを知るのです。これがプロジェクトチームとしてのコミュニケーション力を高める第一歩になります。

まず、リーダーが率先して、本書で述べたOPENNESSを忘れずに（48ページ）、自己紹介・自己開示を積極的に行いましょう。例えば、プロジェクトの自分の役割、自分の経歴や趣味、指向性、価値観などです。リーダーが伝えた情報カテゴリについては、その後、チームメンバーも開示してくれる可能性があります。

リーダーが「営業部の伊藤です。今までは○○の業務に従事していました」と業務のことだけを話したら、メンバーも「初めまして。製造部の赤井です。現在は○○の業務をしています」だけで終わってしまう可能性があります。

つまりリーダーの情報開示度合いに準じてメンバーは自己紹介をする傾向があり、開示度合によってメンバー同士がお互いをより早く知れるようになります。

その後のチームメンバーの自己紹介で、**情報共有が足りないと思った場合は、リーダーから積極的に質問し、他のメンバーがその人のことを知る環境を作っていきましょう。**インタビュアーになったつもりで、いろいろな情報を聞いてみてください。

■個々の能力、期待、目標などを紹介しメンバーをつなげる

メンバーの自己紹介後に、リーダーから全チームメンバーに伝えてほしいことが2つあります。

まず、**「なぜ、このプロジェクトに呼ばれたのか」その理由です。**

例えば、メンバーの1人が「初めまして。システム部の池内です。現在までは○○の業務をしていました。趣味は……」などの自己紹介をした後に、リーダーが「池内さんは、○○の業務で過去に通信販売系のすべてのシステムの構築をした経験があります。この経験は本プロジェクトのシステム構築に大きな力になります。皆さん、池内さんには○○システムの構築を推進していただくために参加いただきました」と、呼ばれた理由を全メンバーにしっかりと伝えるのです。

これにより、チームメンバーは「池内さんは○○システムの構築の人なんだ」と理解し、今後のメンバー同士のコミュニケーションのきっかけにもなります。

次に、**メンバーへの「期待」と「プロジェクトの目標と個人の目標の一致」です。**

自己紹介したメンバーの池内さんの個人的な目標のひとつに、システム構築の知識と技術

を高めることがある場合、

「池内さん、今回のプロジェクトでは、今まで開発してきたシステムにAI Chat Botなどの新しい機能が加わります。ここが池内さんのチャレンジですが、このプロジェクトで池内さんはAI Chat Botの新しい知識と技術を得られると思います。期待しています」

などと伝え、モチベーションを高めるとともに、他のメンバーが一人ひとりの期待を知ることで、「池内さんはChat Botの開発も行うのですね。そう言えば競合の○○社はすでにChat Bot導入していますよね」など、メンバー同士のコミュニケーションのきっかけにもなるのです。

■メンバー全員がお互いを知るために、リーダーが仕組みをつくる

キックオフはお互いを知る重要な機会ですが、注意してほしいこともあります。次のような光景を目にしたことはありませんか？　メンバーが自己紹介しているのにパソコンで仕事をしている、そもそも自己紹介を聴いていないといった状況です。これではキックオフを行

う意味がありません。

特にキックオフに参加するプロジェクトメンバーが多くなればなるほど、自分の自己紹介は数分で終わってしまうので、他の人の話を聴かなくなってしまうのです。また、人数が多くなればなるほど、早く終わらせたほうが良いのではないかという感覚に陥り、自分の名前と部署だけにしてしまうなど、時間短縮をしてしまうこともあります。

キックオフには、「お互いを知る」という目標があるのですから、リーダーは目標達成の「仕組み」を考える必要があります。

例えば、プロジェクトメンバー表の用紙を事前に作ります。1列目に「名前」、2列目に「部署名」、3列目に「情報」だけの簡単なもので構いません。チームメンバーの名前は事前に入力しておきます。

キックオフの冒頭で、リーダーがプロジェクトではお互いを知りチームとして活動することが重要である旨を説明し、メンバーの自己紹介を聴いて自分で書き留めておきたいことを、手元に配ったプロジェクトメンバー表に記入してほしいと説明します。こういった仕組みだけでも自己紹介をまったく聞かないという状態は避けられるでしょう。

他にも、人数が多い自己紹介の際、小集団に分けるという「仕組み」もあります。小集団に分け、本書で説明した「Speed Dating」（54ページ）などを活用してグループワークとして自己紹介をするのです。お互いを知る場を生み出すということです。**時間を決めて自己紹介をした後、小集団をシャッフルして違うメンバーと自己紹介をするなど、より多くのメンバー同士が自己紹介できるように調整してください。**

このようにキックオフは、チームメンバーのモチベーション向上、関係構築、そしてそれらを土台としたコミュニケーション力向上のスタートラインになります。プロジェクトの目的・目標の共有だけではないということを知っておきましょう。

POINT

キックオフでは、メンバーのコミュニケーションを高めるためにリーダーがミーティングをリードする。

PROJECT LEADER

03

メンバーのコミットメントを引き出す「ワーキングアグリーメント」

プロジェクトのリーダーとしてチームメンバーとのコミュニケーション向上やチームビルディングに活かせる「**Working Agreement**（**ワーキングアグリーメント**）」について紹介します。欧米のプロジェクトでは実践されている手法ですので、すでにワーキングアグリーメントを策定されている場合は読み飛ばしていただいてもかまいません。

会社や組織内ではルールが存在します。それは規程であったりオフィスルールであったり、さまざまです。昨今ではコンプライアンス遵守がとても重要ですので、プロジェクト内でもさまざまなルールを設定されていることでしょう。例えば、出退勤管理ルール、ＩＴ管理ルール、経費申請ルール、会議招集のルールや基準、指図書や指示書に記載された作業ルールなどです。

しかし、世の中や組織内、プロジェクト内を見ると、現実問題としてルールが破られてしまうこともあるのではないでしょうか。なぜ、しっかりとしたルールがあるにもかかわらず、ルールを破ってしまうという事象が発生するのでしょうか。

■要素を出し合い、合意して策定するワーキングアグリーメント

まず、ルールというのは、集団の中で委任された、または権限を持った特定の個人や集団が策定し、それを集団に展開します。この時の意思決定は集団の中で委任または権限を持った特定の個人や集団が行います。

話を単純化すると、**この意思決定に対して集団の一部が「合意」していないため、ルールを破ってしまうことが多いのです。**また、合意をしていない一人がルールを破ってしまった場合、破っても良いのだという集団心理が働き、ルールを破ってしまう集団を形成してしまう場合もあります。

そこで**重要になるのが、「合意事項（Agreement：アグリーメント）」というものです。**プロジェクトでは、ルールを破ってしまうことで目標達成に大きな影響が出ます。また、チームビルディングの観点でさまざまなルールを設定したとしても、破られてしまっては「チームを構築する」という目的が果たせません。

例えば、「プロジェクト全体会議には全員出席する」というルールがあったとします。し

かし、これに合意していなければ、現場業務が忙しい、お客様との打ち合わせが急遽入ったなどと、会議に出席しないメンバーも現れます。ではどうすれば良いのか。それは**チームで仕事をする上で必要事項を全員で話し合い「合意事項」を策定するのです。それが「ワーキングアグリーメント」です。**

このワーキングアグリーメントは、リーダーがチームメンバーをリードし策定します。当然、ワーキングアグリーメントにはルールと重複するものが含まれます。なぜならルールを順守してもらうため、そのルールが存在する理由や、なぜそれを遵守しなくてはならないのかをリーダーが説明し、それをチームメンバーみんなで理解し、合意事項に含めるからです。

ワーキングアグリーメントの良いところは、目標達成を目指すためのチームビルディングに活用できることです。チームの文化や姿勢、意気込みなどは通常ルールにはしづらいものです。例えば、

「常にポジティブな発言をしよう！」
「嘘はつかず、正直にトラブルの内容を話そう！」
「困っているメンバーがいたら助け合おう！」

などです。これらの要素はチームメンバーから意見を吸い上げ、チームメンバーを尊重して策定していきましょう。この時、リーダーはファシリテーター役として、目標達成のために「どのようなチーム文化を形成したいか」「どのような行動や態度が望ましいか」などの議論を活性化させましょう。そして、チームメンバー全員が合意・同意できるものを見つけ、ワーキングアグリーメントに入れてください。**皆で決めたもの、合意したものは、チームメンバーからの「コミットメント（約束）」になるので、破りにくくなります。**

■チーム発足時、話し合いを持つことでコミュニケーションが深まる

このワーキングアグリーメントはチーム発足後すぐに行いましょう。すでに説明したタックマンモデル（59ページ）では、成立期に行うのがベストです。

なぜなら、**この議論を通じて、リーダーとチームメンバー、そしてチームメンバー同士のコミュニケーションが生まれ、コミュニケーション力向上の一助になるからです。**

なお、このワーキングアグリーメントはプロジェクトの途中で変更されることもあります。変更する場合もチームメンバーと話し合い、合意の上、進めてください。

よくある質問として、チームメンバー数が多い場合は合意形成が難しく合意事項がなかな

か作りづらいというものがあります。その場合は、ワークパッケージごとや小チーム（小集団）ごとに作成するのをお勧めしています。

重要なのは、「目標達成のために必要な合意事項を作る」という認識をすべてのワークパッケージ、小チームで持つということです。目標達成に必要な合意事項をワークパッケージごと、小チームごとに作り、リーダーがその情報を集約できるようにしましょう。

ワーキングアグリーメントは、壁に貼って掲示したり、カードや小冊子にしてチームメンバーに配ったり、資料類に明記したり、会議ごとに見返したりするなど、**リーダーやチームメンバーがいつでも見られる状況にしておいてください。**せっかくのワーキングアグリーメントも、**見られなければ忘れてしまい、意味を失ってしまいます。**

■ワーキングアグリーメントをメンバーへの指導に有効に使う

ワーキングアグリーメントは、プロジェクトの実行プロセス中にも有効です。活用方法をご紹介します。

実行プロセス中はアクティビティやワークパッケージに追われ、ついつい皆で決めたワーキングアグリーメントを破ってしまう人が出てきてしまうかもしれません。

例えばワーキングアグリーメントに「人の悪口は言わない」という合意事項があったとします。しかし、ストレスフルな状況のメンバーが、他のメンバーの悪口を言い続けている。その際、リーダーとしては、チームの健全性を維持するために指導しなければなりません。もしワーキングアグリーメントがなかったらどうでしょうか。

「○○さん、XXさんへの発言が少々度を過ぎています。発言を改善していただきたいと思っていますが、原因は何でしょうか？」

など当該チームメンバーに対しリーダーから忠告しなければなりません。この時、当たり前の話ですが、人対人のコミュニケーションですから、当該チームメンバーはリーダーからダイレクトに注意される結果になります。このダイレクトコミュニケーションが当該チームメンバーとの関係性を悪くする可能性もあります。

一方、ワーキングアグリーメントがあれば、コミュニケーションが少々変わってきます。例えば「○○さん、ワーキングアグリーメントで決めた『人の悪口を言わない』というのを覚えていますか。XXさんへの発言がワーキングアグリーメントから逸脱していると感じます。発言を改善していただきたいと思っていますが、原因は何でしょうか？」など。

勘の鋭い方はおわかりでしょう。そうです。**人対人のコミュニケーションの間に合意事項という「媒体」が入ることで、ダイレクトコミュニケーションが非ダイレクトコミュニケーションのようになるのです。**

これが、当該チームメンバーとの関係性を悪くする可能性を低下させます。もちろん、チームメンバーを指導していることには変わりありませんが、リーダーという個人からダイレクトに注意されるのと、みんなで決めたことをしていないと指導されるのでは、受け止め方も違うでしょう。

プロジェクトの円滑なコミュニケーションを通じたチームビルディングに向け、ワーキングアグリーメントをぜひ実践してください。**リーダーが率先してファシリテートし、チームメンバー参加型で議論すること。そうしてコミットメントを引き出し、形にし、活用していくことが重要です。**

POINT

チームの約束を策定するワーキングアグリーメント。
メンバーで意見を出し合い、合意し、策定する。

PROJECT LEADER

04

メンバーのプラスの特性を見極め評価する「定量評価」と「定性評価」

プロジェクトリーダーの多くは、プロジェクトメンバーの知識や技術、経験が目標を達成するには不足しているという悩みがあるようです。例えば、「もうちょっとコミュニケーション能力があれば」「知識や経験不足で一人でタスクを完了できない」「もっと早く仕事をして欲しい」など、理想と現実が乖離しているという悩みです。

残念ながら計画時に定義した職務要件に100％マッチするチームメンバーがそろうことはありません。75％マッチする、50％マッチする、中にはまったくマッチしないチームメンバーとともにプロジェクトを進めることもあり得るのです。

しかし、ポジティブに考えると、そのギャップを埋めるのが、リーダーの仕事であり、腕の見せどころです。このギャップを埋めるためにリーダーシップ論を活用し、チームメン**バーが活躍する状況を生み出し、目標達成を目指していくのです。**

■数値だけでは表せない「良いところ」を見つける

職務要件に関するリーダーの悩みは、チームメンバーへの計画（計画）と現実（実績）の差から来るものであり、現実を「評価」しているから出てくる悩みと言えます。

では、皆さんはチームメンバーを評価する時、どういった視点で評価していますか？　多くの場合、知識や技術、経験に裏付けられた作業上の評価だと思います。

例えば、依頼した作業時間を予定通り全うしているかどうか（出退勤など）や、依頼したタスクを予定通り全うしているかどうか（タスク完了率など）、さまざまなＱＣＤや事前に定義され与えられているＫＰＩ（Key Performance Indicator：主要業績評価指標）の遵守率などが多いと思います。これは主に「定量評価」になります。

定量評価とは、主に数値を活用し、基準となる数値から上回っているか、下回っているかという観点での評価です。

一方で「**定性評価**」という評価手法もあります。

この評価手法というのは、数値を使わず優先順位決めにより評価する手法です。

例えば、ＡはＢよりも重い、ＡはＢよりも長い、ＡはＢよりも低いなどという評価です。

プロジェクトでは必ずしもチームメンバーを数値だけで評価することはできず、同時に計画当初の職務要件で定性要因は表現しづらいのです。

例えば、Aさんは他のメンバーよりもとても前向きな発言をし、チームメンバーに元気を与えてくれる人だったとします。しかし人と人との関係は数値では表しにくいので、定量評価のみで評価してしまうと、Aさんの良さが評価できなくなってしまいます。その他、**リスクをいち早くリーダーに教えてくれる、会議で積極的に提案してくれる、他者への気遣いなどチームビルディングに必要な要素には、定性的なものが多いのです。**

既述の通り、リーダーが理想とする100％の知識や技術を有するチームメンバーが集まることはまずありません。従って、評価をする際に定量評価でも定性評価でもチームメンバーの悪いところ「のみ」を見たらきりがありません。

確かにプロジェクトの目標達成のためには、メンバーの改善も必要でしょう。改善ポイントは、リーダーがチームメンバーへ伝えるべき育成事項となります。しかし、改善ポイントのみを告げられたら、チームメンバーはあまりいい気分はしないと思います。**リーダーは定量評価、定性評価の中でチームメンバーの良い部分を見つける必要があるのです。**

定性評価においては、「チームメンバーの中で最も前向き」「チームメンバーの中で最も気遣いができる」などあらゆるポイントが見つけられるはずです。そして、それをチームメンバーに伝えてあげてください。**チームの中で個々人が光る「Only One」の部分を見つけてあげてください。それが、チームの強さにつながる「多様性」（145ページ）にもつながってくるはずです。**

■評価できる点を土台にしてメンバーに改善点を伝える

ここでお伝えした内容を「プロジェクトにおけるコミュニケーション力を高める方法」として活用してください。**チームメンバーに改善ポイントを伝える場合、その土台としてチームメンバーの優れているところ、評価しているところを話すことで、コミュニケーションを円滑にしていきましょう。**

その時は、リーダーが嘘偽りなく評価ポイントと改善ポイント双方を伝えてください。例えば、チームメンバーに元気を与える前向きな発言がチームの中で最も優れている人がいたとしましょう。しかし定量評価では、朝が弱く、遅刻が基準数値より常に多かったとしましょう。もし良いところを評価せずに悪いところだけに焦点をあてて指導したら、

「遅刻が基準よりも毎月多いようです。改善できないですか？」などと伝えることになるでしょう。悪い部分だけを伝えているので相手はあまり良い感じを持たないかもしれません。

では、皆さんがそのチームメンバーの評価ポイントと改善ポイントを同時に伝え、改善に向けた指導をするならどのようにフィードバックするでしょうか。

例えば、

「いつもチームメンバーに前向きな発言をしてくれて皆が元気をもらっています。その前向きさをとても評価しています。しかし残念なことに遅刻が基準よりも毎月多いようです。改善できないですか？」


と言うだけでも、先ほどの悪いところだけに焦点をあてた指導よりも、印象がまったく異なってくるはずです。なぜなら、相手は「評価されている」という土台があるからです。安心して改善ポイントを聴き、その改善に協力してくれる可能性があります。

私が現場でプロジェクトをリードしていた時は、「もったいない」が口癖でした。例えば次のように言っていました。

「○○さんは、チームで一番前向きな発言をしてくれて、みんなに元気を与えてくれてとても評価しているんだけど、とてももったいないことに、遅刻が基準よりも毎月多いんですよね。遅刻が改善されればもっと評価されますよ。改善できますか？」

「もったいない」は、その後、プロジェクトリーダーへの研修や講演でご紹介し、活用しているというありがたいお言葉をいただいています。

リーダーはメンバーの良いところを探し、そしてそれを定量・定性で評価し、その良い評価の土台をもって、足りない部分の指導・育成をしていくことが求められます。

POINT

定性評価と定量評価を組み合わせ、メンバーの良いところを見つける。プラスポイントと改善点はセットで伝えてメンバー育成につなげる。

PROJECT LEADER

05 委任（デリゲーション）の5ステップを押さえる

「チームメンバーに仕事をうまく委任することができない」という悩みを持つリーダーもいるでしょう。その悩みには、2つの要因があると考えます。

ひとつは、「任せることが不安」という要因です。これは自分ができていることを、自分の理想通りにチームメンバーができるかわからないという不安から来るものだと思います。

今一度ＳＬ理論（90ページ）を思い出してください。リーダーが「委任できるかも」というステップまで来ているメンバーは、任せたい範囲のワークパッケージやアクティビティに対し、指示型→コーチ型→支援型をクリアしてきているはずです。そうであれば、最終的に委任型のリーダーシップを発揮し、委任しましょう。

この時のチームメンバーは、コンピタンス「高」／コミットメント「高」の状態です。つまり、「任せることが不安」というのは、厳密にいうと、支援型から委任型に移る段階で、チームメンバーのコンピタンスは高く、コミットメントも高い状態ではあるが、本当に委任したワークパッケージやアクティビティを完了してくれるのかという「不安」になります。

■シナジーチームのために、メンバーに任せる勇気を持つ

ここで、冷静に考えてみてください。リーダーがワークパッケージやアクティビティをプロジェクト終結までに委任できなかったらどうなるでしょうか。

答えは簡単です。プロジェクト終結までずっとリーダーが忙しい状況になります。そして残念なことに、チームメンバーの育成も不完全のままプロジェクトが終了してしまいます。

今一度思い出していただきたいのが、

「リーダーはリーダーシップを発揮し、チームビルディングを進め、理想としてはシナジーチームを目指す」

ということです。シナジーチームはプロジェクトの目標達成のために、メンバーそれぞれが次に何をすべきか能動的に考え行動するチームです。チームビルディングにおけるリーダーシップの究極の役割は「リーダーを不要にすること」、つまり能動的に考え、目標達成

に向けて行動できるメンバーを育成することです（118ページ）。**委任は必要不可欠の要素ですから、リーダーはメンバーを育成し、最終的に「任せる勇気」が必要だといえます。**SL理論で説明したように、もし委任型にリーダーシップスタイルを変更してうまくいかなければ、支援型リーダーシップスタイルに戻せば良いのです。何度かチャレンジすることで、メンバーも成長していきます。

■伝えた事項が理解できているかを確認する

委任できない悩みのもうひとつは、「委任の仕方がわからない」というコミュニケーション上の要因です。

委任には、次のような5つのコミュニケーションステップがあります。

①目標を提示・明示し、それを相手がしっかりと理解・認識できているか（イメージ違いはないか）
②その目標達成に必要な権限を提示し、その権限をしっかりと理解・認識できているか
③目標達成の責任を認識し、その責任を相手は受け入れる準備ができているか

④目標達成に向かうモチベーションが備わっているか
⑤モニタリングの同意を得ているか

①については、**委任するワークパッケージやアクティビティの目標をしっかりと説明し、相手にそれが伝わっているかを確認することが必要です。**

「ロホホラ」のゲームをご紹介しましたが（66ページ）、描く目標のイメージが異なると、相手は自分と違った絵を描きます。また「送信者－受信者コミュニケーションモデル」でも説明したように（224ページ）、その目標の情報を伝える責任者は、この場合リーダーになります。ですから、

「○○さんには、□□という要素成果物を△月△日までに納品してほしいです。その要素成果物の要求事項はXXXXです」

などと明確に、相手がイメージできるように伝えます。

特に要求事項などはスコープ記述書などの記載を明示し、委任するワークパッケージやアクティビティに関連する成果物／要素成果物スコープ、プロジェクトスコープ、受入れ基準

／完了基準、前提条件、制約条件、除外事項（Out of Scope）などを伝える必要があります。もしもワークパッケージやアクティビティで、関連するステークホルダーやメンバーがいれば、その人たちとのコミュニケーション・パス（ルート）や体制なども説明します。そしてこれらの情報がしっかり相手に伝達できたかを確認しましょう。

シンプルな確認方法としてひとつ紹介すると、海外では、伝えたことを相手に要約して話してもらう方法があります。

例えば「私が今伝えたことを、要約して話してもらえますか？」と伝え、情報がしっかりと伝わっているかを確認するのです。日本の文化にはあまり馴染まない手法かもしれませんが、一番簡単で確実性のある方法です。

もしこの方法がやりにくいなら、少々高度になってしまいますが、相手に質問をして確認してみましょう。

例えば「要素成果物のスコープの中にＡ４の指図書があり、その項目は品目・種類・企画……とあります。どのようなイメージを持っていますか？」などです。相手の回答により必要事項がしっかりと伝達できているかを把握します。

この時に**重要なのは、質問を「OPEN型」にすることです**。質問の仕方には「OPEN型」

と「CLOSE型」があり、OPEN型は相手が自由に回答できるような質問の仕方です。一方で「CLOSE型」は相手がYESまたはNOで回答できるような質問です。

相手に伝わったかを確認する時に、「イメージは伝わりましたか?」とCLOSE型で質問してしまうと、たとえ相手がYESと回答したとしても、本当にイメージが伝わったかどうか判断できないのです。

■ステップに沿って、目標達成における事項の理解を確認

次に②に移ります。これは、**委任するワークパッケージやアクティビティの目標達成に必要な権限をリーダーからメンバーに伝えるステップです。**

例えば「□□という要素成果物を製作するにあたりA、B、Cというサプライヤから部品を調達しますが、○○さんには、その際の検収に関する権限を与えます。○○さんの印で検収していただいて問題ありません」など、何を自分で判断し決裁して良いかなどを明確に伝えます。そして、これらの情報がしっかりと相手に伝わったか、確認します。確認方法は先ほど述べた通りです。

③は、**メンバーが「目標達成の責任を認識し、受け入れる準備ができているか」を確認するということです。**前提として、委任するワークパッケージやアクティビティがプロジェクト全体にどのような重要性を持っているかをリーダーがしっかりと説明しなければなりません。

基本的に、プロジェクトの目標達成は、あらゆるワークパッケージやアクティビティの達成の積み重ねで実現されます。従って、プロジェクト全体の中のどの位置付けを担うのか、どのくらい重要であり、その達成がプロジェクトの目標達成のどの部分に寄与するのか、もしもそれが達成できなかった場合、どのような影響がプロジェクト全体に及ぶのかを説明しましょう。

これらの**情報がしっかりと相手に伝わったかを把握した上で、相手がその責任を全うできるかを確認します。**方法はCLOSE型で「○○さんの知識、技術、経験ならできると考えています。期待しています。任せて良いですね？」などと質問し、明確な回答を得ましょう。この明確な回答が、委任するにあたって重要な相手の「コミットメント」になります。

④は、③と同時並行で行います。相手に「モチベーションは高いですか？」などとは普通聞きませんので、これは、**言語コミュニケーションではなく、表情や口調（非言語コミュニ**

ケーション）などを注視しましょう。もともと支援型リーダーシップで、コミットメントと、その一部であるモチベーションは高まっている状況なので、再確認という意味もあります。

⑤の「モニタリング」というと、「監視」という意味に取られるかもしれませんが、どちらかというと、**「定期的に確認しますから安心してください」という意味合いがあります。**

委任した後にリーダーがモニタリングすらしなかった場合、それは「丸投げ」になってしまいます。丸投げ状態は、初めて委任する相手にとって、とても不安になるので、例えば「定期的に○○さんの頑張りを会議や現場で確認しますので安心してください。確認の時間は別途連絡しますがいいですよね？」などと伝えて了承をもらいます。

■委任のための確認作業を面倒くさがらない、省略しない

「委任の5つのステップ」では多くの確認作業があります。工数はかかったとしても、委任の最初なのでしっかりと確認しましょう。

「言った・言わない」という状況やイメージ違いで手戻り（やりなおし）が起こったりするトラブルを避けるためにも、必要な工程です。

特に気をつけていただきたいのが、詳細を説明しない状態です。リーダーが自分の知識・技術・経験・価値観などをもとに、「わかってるよね！」と言ったり、相手と「ツーカー」の仲だと思ってしまい説明の工程を省いたりするなどは論外です。

リーダーとして何よりも重要なのは、委任した相手が、途中でワークパッケージやアクティビティに負担を感じたり、リーダーにとって思わしくない状況が発生したりした場合、**「約束したじゃないか！　何でできないんだ！」と責めないことです。できなかった理由、負担になった理由を対話しながら引き出し、支援型リーダーシップに戻れば良いのです。**メンバーを育成した上で再チャレンジできる状況をリードしましょう。

この委任のプロセスは、リーダー自体の成長にもつながります。ぜひチャレンジしていきましょう。

POINT

リーダーの役割を果たすには、メンバーを信用して委任することも大切。「委任の5つのステップ」を参考に任せてみよう。

PROJECT LEADER

06

反発をくみ上げる「反発のマネジメント」

プロジェクトの実行中には、チームメンバーからさまざまな反発が起こります。反発とはすでに説明したメンバー同士のコンフリクトの他に（60ページ）、プロジェクトの目標や計画に対する反発、プロジェクト環境に対する反発、ルールやワーキングアグリーメントに対する反発などです。

特にプロジェクト実行プロセスの初期段階、つまりプロジェクトが軌道に乗る遂行期までは発生しやすいと考えてください。

リーダーとしては、プロジェクトを推進したいにもかかわらず、これらの反発の対応に時間を取られてしまうため、「プロジェクト推進の阻害要因」と捉え、気持ちが萎えてしまうかもしれません。しかし、**プロジェクトメンバーからの各種反発は、「チームビルディングのチャンス」なのです。コミュニケーションを通じてしっかりと反発マネジメントをしていけば、強いチームや組織につながります。**

■メンバーの反発は、チームが一皮むけて成長するチャンス

まず、反発をポジティブに捉えてみましょう。

人は何かに反発する時に、とてもエネルギーを使います。なぜならば、反発をする人からは何かしらの発言や表現などの強いアウトプットがあるからです。何かを良くしたいという源泉があるから反発すると考えられます。

つまり、この**反発を解決すれば、チームが何かしら良くなり進化する要素が含まれているかもしれないのです。逆に、反発をすべていなしたり、力でねじ伏せたりしながらプロジェクトを進めてしまうと、プロジェクトがプラスに改善しないかもしれません。**

すでに説明したように、プロジェクトはチームメンバーのさまざまな経験・技術・知識・価値観の相互補完関係で強くなります。反発は、これらの個々の違いから発生していることもあるので、反発に適切に対応しないというのは、メンバー個々の違いを融合させずにほったらかしにしているのと同じです。これは、多角的な観点から見ると、プロジェクトを良くしていく機会を半ば放棄するのと同じことでもあります。

さらに、反発のマネジメントをリーダーがまったく行わないと、メンバーが「もういいや。あのリーダーに何を言っても変わらないから、もう何も言わない」という状態になるかもしれません。これは、プロジェクトを良くしていく、チーム力を強化するという点において最も怖いことです。

一方で、**反発はチームメンバーの成長の証とも考えられます**。例えば、SL理論で説明したリーダーシップスタイルの変更ポイントかもしれません（90ページ）。リーダーに対して「もっと自分に任せていただけませんか！」や「自由にやらせてくださいよ！」「この作業は私でなくていいでしょ！」といった反発があれば、それは、「指示型」→「コーチ型」→「支援型」→「委任型」のいずれか次のプロセスに移るチャンスかもしれません。

●HOTとCOLD、どちらの反発にもしっかりと対応する

皆さんは、チームメンバーの「反発」という言葉を見た時、メンバーのどのような状態をイメージしますか。

リーダーに対して感情的に訴えかけている状態、リーダーやメンバーの言葉にあからさま

に耳を傾けない状態など、何かに反している行為を思い浮かべるかもしれません。

実は反発には、「HOTかCOLDか」という見方があります。

HOTは、いわゆる言葉や文書など主に言語コミュニケーションで直接訴えかけてくる顕在化された反発です。COLDは、態度や表情、感情のみなど主に非言語コミュニケーションで訴えかけてくる潜在化している反発です。

HOTの場合は直接訴えかけてくるのでわかりやすいのですが、COLDの場合は非言語コミュニケーションによる訴えですので、日々適切なコミュニケーションをしていなければ気づきづらいでしょう。例えば、話しかけた時の返事が適当になってきている、目を合わせない、チームメンバーと別行動をし始める、会議でつまらなそうにして発言しないなどは、皆さんも経験があるかもしれません。

COLDな状態を放置しておくと、当人の我慢の限界に達しHOTに変化したり、逆にHOTな状態を放置しておくと、当人が反発しても無駄だと思ってしまいCOLDに変化したりします。リーダーはまず、どちらの反発にもしっかりと対応することが大切です。

「一度詳しく聞かせてくれないかな」などと伝え、時間と場を持ち、HOTであればしっかりと受け止めます。COLDの場合は、その反発を吸い上げていきましょう。

もし、COLDの場合で、相手から時間をもらえないようであれば、すでに述べたように、

「もう何も言っても無駄だ」という状態になっている可能性が高いでしょう。そうならないように、リーダーは日頃のコミュニケーションで反発を察知し、対応する必要があります。

■プロジェクトに寄与するかという視点で「反発の種」を聞き出す

リーダーは反発している相手と時間と場を持ち、反発の源泉を聞き出していきます。当然、リーダーと相手は経験・技術・知識・価値観が異なりますので、相手の主張を理解するのに時間がかかるかもしれません。

そのような時は、**適切な質問を通して、反発の源泉を聴き出していきましょう**。リーダーの個人的な思考や常識をベースにして話を聴いてしまうと、ついつい反発の内容にイライラしてしまい、さらに相手に反発してしまう可能性があります。**「当該主張はプロジェクトの目標達成に直接および間接的に寄与するのか」**という視点を持って、冷静に対処しましょう。

例えば、「毎日9時からの朝礼はいらないと思います！」という反発があったとします。その9時の朝礼はプロジェクトのルールとして決まっていたものです。主張だけを聴くと「ルールなのにわがままだな」と思ってしまうかもしれません。しかし、**反発しているから**

には何か理由があるのです。それがプロジェクトに寄与するのかどうかがポイントです。

「何で朝礼が必要ないと思うんだい？　朝礼は当日の情報共有にとって必要なものではないのかい？」

「朝は生産性の高い時間帯だと考えていますし、この時間は前日の夜に外部から届いているメールを対応するのに追われています。だから、朝一番に情報共有をする必要はないと思っています」

ここで相手の反発の根拠がわかります。

次に、**プロジェクト目標に寄与するか、逆に、訴えている内容がプロジェクト目標を阻害しないかを確認します。**

「もし、朝に情報共有をしなかったとして、○○さんに任せたアクティビティやワークパッケージの生産性は高まるのかな？」

「プロジェクトでは情報共有が目標達成に必要だと思うけれど、情報共有は必要とは思わないかい？」

「先ほど言ったように、朝は生産性が高い時間帯なのでデスクワークに時間を割いたほうが目標達成に近づきます。情報共有自体は必要なのですが、朝にやる必要はないと思っています。ですので、例えば情報共有の時間を昼前とか、生産性の下がりやすい昼休み後、夕礼などという手段もあります」

こうした対話を通じて得た情報から、プロジェクトの目標に寄与できるものであれば、リーダー自身で意思決定したり、チームメンバーとの会議で議論したり、場合によっては変更要求をして変更会議で意思決定を求めたりしましょう。

■反発の理由がわかったら、代替案を出すなど適切に対応する

もしもこの意思決定で訴えに伴う決裁がされなかったとしても、訴えに対して何かしらのアクションを講じたという事実が重要になっていきます。メンバーにとっては、リーダーは訴えを聴いてくれるという信頼が残りますし、もし合理的な理由で否決された場合、その理由を相手も知ることができます。

変更が何かしらの事象で決裁できない、もしくは決裁されない場合は「第3のアイデア」を出し、リーダーから積極的に提案していきましょう。

「朝礼はやはり行う必要があるんだ。今の朝礼は15分と情報共有が長くなってしまっていると思うんだ。例えば本当に情報共有が必要なもののみを共有するように、新しい朝礼アジェンダをしっかりと作り、10分未満にしたら今よりは良くなると思うんだが、どうだろうか」

わざわざ**相手がパワーを使って反発してくる内容は、そのほとんどがプロジェクトの目標に直接的または間接的に寄与するものです。**

反発の表面だけを見てしまうと目標達成に関係ないと思われがちですが、よくよく話を聴いてみると、先ほどの例のように目標達成に寄与する要素（「生産性の高い時間帯に仕事をしたほうが効率的」など）が含まれているものです。

しかしながら、どんなにリーダーが傾聴しても、プロジェクトの目標にまったく寄与しない訴えもあります。これはプロジェクトの成立期に起こりがちです。

個々人の文化や風習、価値観から抜け出せていないことや、プロジェクトの目標達成の重要性や目標の認識がチームメンバーに浸透していない可能性もあります。この場合は、最初に戻り、目標自体の共有、目標の重要性の共有など、キックオフで啓蒙する内容を根気よく伝え続けていきます。

反発は、文字だけを見ると、利己的な主張を高ぶった感情のままぶつけると思いがちですが、そうではありません。**プロジェクトの中の反発は、その多くが「今よりも良くしたい」という想いのもとで訴えています。**

リーダーは、その反発がリーダー個人に対するものだったとしても、それを個人として聞くのではなく、**あくまでも「目標達成に直接または間接的に寄与するものなのか」という視点と思考を持ち、適切な対応を取る必要があります。**この反発のマネジメントがプロジェクトをより良く成長させるのです。

POINT

反発しているのは、プロジェクトがより良くなるチャンス。「反発マネジメント」で原因を聞き出し、プロジェクトに寄与することであれば、適切に対応する。

PROJECT LEADER

07

モチベーションを高める2つの要因「衛生要因・動機付け要因」

リーダーが知っておきたい知識のひとつに、米国の臨床心理学者であるフレデリック・ハーズバーグの**「動機付け衛生要因理論（二要因理論）」**があります。

当該理論は臨床心理学により研究されたもので、主にモチベーションを考える上で重要な理論として多くの企業や組織で活用されています。その内容は、職務満足に影響する要因には「衛生要因」と「動機付け要因」があるというものです。

本書では、よりわかりやすくするため、「衛生要因」を「不満足要因」、「動機付け要因」を「満足要因」と記載し解説します。

■改善しても、いずれ元に戻った時に不満足となる「不満足要因」

まず、「不満足要因」（衛生要因）について解説します。

不満足要因は、簡単にいうとモチベーションを低下させる要因です。この要因の興味深い点は、不満足要因に対処したとしても、不満足が一時的に解消されるだけで、恒常的な満足度の向上には寄与しないということです。

つまり、「不満足要因」（衛生要因）の対応は、モチベーションを高めるという目的で実施するのではなく、モチベーションの低下を抑制する、またはモチベーションを維持する、という目的で実施する観点が必要なのです。

不満足要因には、会社の方針、管理方法、労働環境、勤務条件（給与・勤務時間など）などがあります。

ここで着目していただきたいのが、給与や勤務時間などです。一見、給与を上げたり、勤務時間を短くしたりすることでモチベーションが高まると思いがちですが、これらはもともと不満足要因なので恒常的なモチベーション向上には関係しません。

例えば、月収50万円の人がいたとします。その人の業績がよく、給与が60万円に上がったとします。その人は、一時的にモチベーションが高まるかもしれません。しかし、日が経つと、その60万円という給与がその人の「当たり前」になってしまいます。

もしも、その人の業績が悪くなり、給与がもともとの月額50万円に戻ったとします。この時、この人はモチベーションが低下してしまうかもしれません。しかし冷静に考えると、もともとこの人の月収は50万円だったのです。つまり、給与などはモチベーションを恒常的に高めるものではありません。

給与などは、モチベーションを低下させないように、安定的かつ恒常的に適切に支払うことが重要なのです。

給与の例がわかりやすいと思いますが、不満足要因とは、何かを改善した後の事象が短い時間で「当たり前」になってしまい、その質や量を低下させると不満足を引き起こしてしまう要因です。

労働環境などもそうです。もともと狭いオフィスで仕事をしていた会社が、一時的に業績が良くなり利便性の高い広いオフィスに移転したら、その環境が当たり前になってしまった。その後、業績が悪くなり、もといた狭いオフィスと同様のスペックのオフィスに移転したと同時に、従業員のモチベーションが低下してしまうというのも一例です。

皆さんも、昔は当たり前だったことに戻っただけなのにモチベーションが下がる、という経験をされているのではないでしょうか。

■リーダーのコミュニケーションで満足要因がさらに高まる

次に、「満足要因」(動機付け要因)について解説します。

この要因は、モチベーションを高める要因です。例えば、自分に合った仕事の内容、他者からの承認、責任範囲の拡大、達成感、自己の成長の可能性などです。

プロジェクトには、この満足要因を与えられる要因があります。例えば、すでに解説した「ストレッチ目標」などは「自己の成長の可能性」につながります。また、「委任」についても「責任範囲の拡大」につながります。「他者からの承認」は、「シナジーチーム」や「相互補完関係」により、自分が認められていると直接感じることができることでしょう。

そして何よりも、ワークパッケージやアクティビティ、そしてプロジェクトの目標達成自体が「達成感」につながります。

皆さんも、他者から「ありがとう」と言われてうれしかったり、感動したりしたことや、業務を通じて自分が成長している、またはチャレンジしていることに喜びを感じたり、自分がしたかった仕事を任された時にうれしかったりするなど、大なり小なり、満足した経験をされていると思います。

リーダーは、**不満足要因に対処することでチームメンバーのモチベーションを下げないよ**

動機付け衛生要因理論に基づいた不満足要因と満足要因

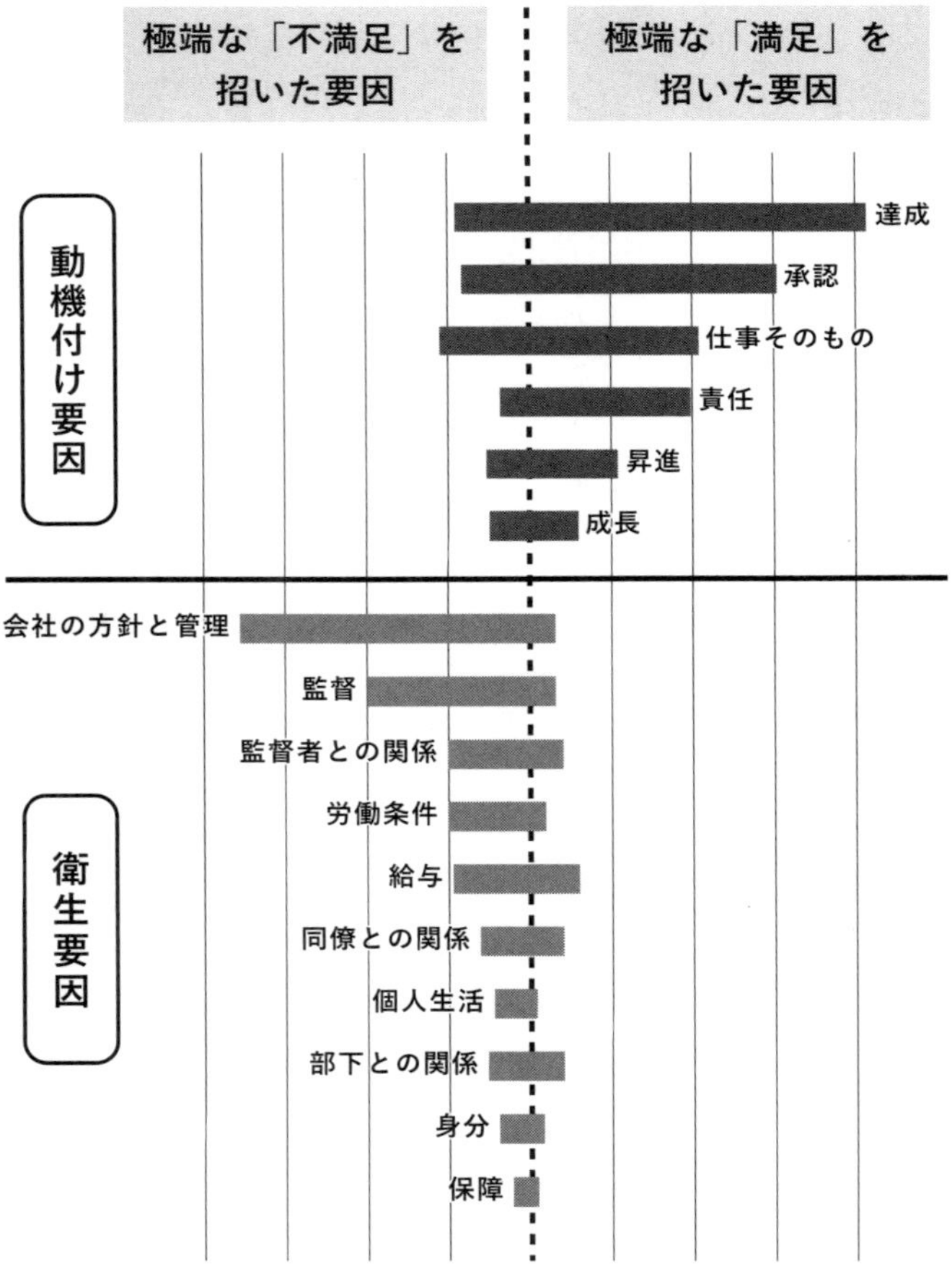

（出所）
How Do You Motivate Your Employees?,Frederick Herzberg,1968,Harvard Business Review を基に筆者が作成

うに努め、同時に満足要因をチームメンバーに与えてモチベーションの向上に努める必要があります。

この時、リーダーとチームメンバーのコミュニケーションが大切です。

満足要因はコミュニケーションの取り方により、より多くの満足度をチームメンバーに与えることができます。

例えば、「褒める時はみんなの前で褒める」というのも満足要因をさらに高めます。委任の5つのプロセス（254ページ）を適切なコミュニケーションを通して実行することでも、満足要因を高めます。

つまり、**適切なコミュニケーションはチームメンバーの喜びを拡大させる素晴らしいものなのです。**

POINT

リーダーは、メンバーとコミュニケーションをとりながら、不満足要因に対応し、満足要因を高めることでモチベーションの向上に努める。

PROJECT LEADER

08

自分の「手足になる人」に加え「脳になる人」もメンバーに入れる

「私はリーダーになれない」「リーダーを任されてしまったが私では役に立てない」「どうすればリーダーシップを発揮できるのか」と悩んでしまっていたら、リーダーとしての基本の視点や思考を持つようにしましょう。

初めてリーダーになる方は、ワークパッケージやアクティビティの実作業をする役割、いわゆるチームメンバーの視点や思考のままでリーダーの役割をしていないでしょうか。そのままだと、「自分よりも作業知識や経験が多い人のほうがリーダーに向いている」「自分だと役に立たない」と思ってしまうものです。

■ 目標を達成するために「やりくり」するのがリーダーの役割

皆さんは「Management（マネジメント）」という言葉を知っていると思います。

Managementは、実は、幅広い意味を持つ言葉で、日本語では、経営、管理、統制、経営力、経営の方法、経営学、取り扱い、統御、操縦、操作など、さまざまな言葉に訳されます。欧米では仕事の場でなくてもManagementという言葉を使います。

Managementで最もニュアンスが近い日本語は「やりくり」という言葉です。プロジェクトでは目標達成を目指したあらゆる活動の「やりくり」をする人が必要です。それがリーダーです。

プロジェクトオーナー（プロジェクトスポンサー）、プロジェクトマネジャー、ワークパッケージを任されたリーダーなどさまざまな位置にリーダーが存在しますが、このリーダーは任された責任範囲を「やりくり」するのが仕事なのです。

やりくりのためには、スケジュール、コスト、リスク、スコープ、リソース、ステークホルダー、購買、品質の「やりくり」が必要であり、またこれらの要素の統合的な「やりくり」が必要です。

こう説明すると、**チームメンバーとリーダーとは、目標達成に向けた「役割」が異なる**のがおわかりですね。だからこそ、「自分よりも作業知識や経験が多い人のほうがリーダーに向いている」や「自分は役に立たない」などと、他のチームメンバーの作業と比較しても意味がありません。

リーダーに任命されたのであれば、任命した人があなたの「やりくり」する力を見抜き、認めてくれているのです。リーダーは、目標達成に向けて「やりくり」することが「役割」なんだという視点に切り替えましょう。

■しっかりした芯を持ちながら、多様性を受け入れる柔軟性を持つ

もしもリーダーが、チームメンバーと同じ役割の土台にいると、チームメンバーと自分を比較して、相手の技術の高さに嫉妬してしまったり、もしくは自分に自信がなくなってしまったりします。

しかし、リーダーとチームメンバーでは「役割」という土台が異なるのです。そしてリーダーの役割は「やりくり」であり、それはプロジェクトの目標達成のために行っていることであり、目標達成のためには自分にはない技術や知識、経験、価値観、観点を持ったチームメンバーが大切と思うことが重要なのです。

ですから、チームメンバーには、自分の「手足になる人」から自分「脳になる人」を招き

入れてください。自分と同じ観点で実行してくれる「手足になる人」だけではなく、自分ができないことができたり、自分では持てない観点や価値観を持っていたりする人、自分より優秀な人を自分の「脳になる人」として入れましょう。

そうすることで、**チーム全体としてさまざまな技術や知識、経験、価値観、観点を持つことができます。それを「やりくり」するのがリーダーとしての皆さんの仕事なのです。**すでに述べた、多様な価値観の重要性や桃太郎の話（148ページ）も、多彩なチームを作ることがベースになっています。

このような多様性は現在「ダイバーシティ」という言葉でその重要性が認識されてきています。しかし、ダイバーシティの実現が難しいのも事実です。なぜなら、多様な知識や技術、価値観、観点（文化、風習、ジェンダー、年齢などを含む）は、その多様性ゆえに「やりくり」が難しいからです。

ではなぜ「やりくり」が難しいと考えるのでしょうか。それはリーダー自身に「こうあるべきだ」という固着した価値観、観点、独自の技術、知識があるからです。

もちろんこのような核を自分の中に持つことも大切です。しかし**リーダーとしては、OPENNESS（オープンネス）で相手の多様性を受け入れることがとても重要なのです。**多

様性はプロジェクトの推進力になくてはならないもので、自分にないものを補ってくれる要素なのです。

●相手をリスペクトしつつ、傾聴の姿勢で良いところを取り入れる

この多様性を受け入れる時に重要になるのが「傾聴の姿勢」です。

これはOPENNESSにもつながってくるのですが、**まず多様なチームメンバーの発言・意見、行動や観点を聴き出していくのです。**もちろん、リーダー自身も多様性の中の一部ですから、リーダーという役割で自分の知識や技術、価値観、観点をメンバーにOPENNESSで開示していく必要もあります。

またプロジェクトの当初は、自分には理解できない発言や行動などがあったとしても、**相手に興味を持ち、相手をリスペクト（尊重・尊敬）し、積極的傾聴（アクティブリスニング）を通じて相手を知っていきましょう。多様な人に興味を持ち、「なぜあの人はこのように考えるのだろう。理由を知りたい！」と相手の思考を自分に取り入れていくのです。**

この積極的傾聴もコミュニケーションに重要な要素で、多様性があるチームの「やりくり」

には必要不可欠なものと言えます。

リーダーシップに自信のない方は、ぜひリーダーとしての基本的な観点を持つよう努力していただき、そしてコミュニケーションを通じてチームを「やりくり」していきましょう。

POINT

リーダーとメンバーの役割の違いを認識する。多様性のあるメンバーを集め、「傾聴の姿勢」でチームをやりくりしよう。

PROJECT LEADER

09

適切に褒めることと叱ることでモチベーションを上げる

リーダーはプロジェクトの目標達成のために、チームメンバーを褒めることもあれば、叱ることもあります。特に**叱ることについては、自己中心的な考え方や感情で指摘するのではなく「プロジェクトの目標達成を阻害する要因」に対して叱る必要があります。**

本書では主に褒める部分に焦点をあてて書いています。

例えば定量評価・定性評価（２４８ページ）などの項目では、プロジェクトの目標達成に寄与するメンバーの良い部分は積極的に褒めることを勧めました。**チームメンバーを褒める時はより具体的に褒めましょう。プロジェクトの目標達成にどのように寄与しているかをしっかりと伝えることが重要です。**

「宇野さん、ワークパッケージ５２０００番台は予定通り完了しましたね。素晴らしいです。５２０００番台はクリティカルパス上のものでしたから、これはプロジェクトスケジュールから見ると大きな貢献です」
「榎本さん、いつも定例会の場で前向きな発言をしてくれるので助かっています。本当に素晴らしいことなんですよ！　榎本さんの前向きな発言から、いろいろな課題の対処法が出て、実際、○○は課題解決に至りました。ありがとうございます」

などです。

前項でも触れましたが、褒める場合は、チームメンバーがいる前で褒めるのが良いとされています。他のメンバーにも認められていることでモチベーションが高まりますし、**メンバー全員に、プロジェクトの目標達成に寄与することが褒められるポイントだと理解してもらうことがとても重要なのです。**

■感謝とともに褒めると、モチベーションは高まる

褒めるという行為自体を偽善だと考えてしまっている方もいるかもしれません。しかし、プロジェクトのリーダーは「要求事項を満たす成果物を期日までに納品する」プロジェクトの目標を達成するのが役割です。これに**貢献したメンバーに対して、感謝とともに褒めるこ**

とは偽善でも何でもありません。

偽善とは「本心ではなく、うわべを繕《つくろ》ってする行為」です。リーダーは目標達成に寄与したメンバーを褒めるという根拠がありますので、**自信を持ってメンバーを褒めてあげてほしいのです。これは、プロジェクトに貢献しているというメンバーの喜びにつながり、モチベーションが高まる要素です。**「動機付け衛生要因理論（二要因理論）」の「動機付け要因（満足要因）」（272ページ）になるのです。

もちろん褒めるのが苦手という方もいるでしょう。その時は、目標達成に寄与した人に対して具体的にどのような貢献をしたのかを伝え、感謝の気持ちを伝えてください。

■目標達成の阻害要因を叱り、人格を否定せず、改善を促す

一方、「叱る」という行為はリーダーだけでなく、誰にとっても難しいものです。

まず、「怒る」と「叱る」の違いを理解しましょう。「怒る」というのは、不満や不快なことがあってただ単に怒りの感情を相手にぶつけることです。一方、「叱る」は相手を良い方向に導く、または相手に気づきを与える目的で指摘することです。

大きな違いは、その行為に「目的」があるかどうかという点です。プロジェクトにおいて

リーダーがメンバーを叱るのはプロジェクトの目標達成のための目的があるのであり、決して自己中心的な事由や怒りの感情のみで怒っているのではないのです。

また、**リーダーとして、プロジェクトの目標達成を阻害する行為や事象を叱るのであり、相手の人格や価値観を否定しないということを押さえておきましょう。**

人格や価値観はその人が長年かけて作り上げてきたものですから、それを短時間で変えることなど現実的に困難です。また、相手の人格や価値観を否定しても、プロジェクトの目標達成にはまったく寄与しません。否定された人はモチベーションが下がり、むしろプロジェクトに悪影響しか及ぼしません。

叱る場合も、褒める時と同様に、**相手の行為や事象がプロジェクトの目標達成にどのように影響しているかを具体的に伝え、改善を要求します。**

例えば、

「伊藤さん、最近遅刻が多いようです。伊藤さんが遅刻することでワークパッケージの他のメンバーが朝の準備で手一杯になっており、アクティビティの完了期日にも影響が出てきました。遅刻を改善できないでしょうか？」

「伊藤さん、進捗共有の会議の参加率がとても低くなっています。アクティビティで忙しいことは重々承知しているのですが、進捗会議に参加いただけないことで、進捗状況がわからず、平行する他のアクティビティにも影響が出始めています。参加できるように時間調整できないでしょうか？」

などです。

また、リーダーは目標達成のために叱っているわけですから、**叱る際にその原因を確認し、それを取り除く手助けができないかも積極的に提案しましょう。メンバーを叱る際は、褒める時と違い、２名きりで会議室など他の人の目に触れないところで行いましょう。**そして、相手から改善の約束を取り付けましょう。

■叱った後に改善が見られたら必ず褒める

重要なことは、叱ったことに対する改善が見られたら褒めるということです。なぜなら、プロジェクトの目標達成を阻害する要因を改善し、プロジェクトの目標達成に寄与し始めたからです。

褒めることで、メンバーのモチベーションが高められますし、改善すれば褒められること

褒める・叱るポイントとシチュエーション

	褒める	叱る
ポイント	・プロジェクトの目標達成に寄与したことに対し褒める ・寄与した点を具体的に伝える ・褒めることで、他のメンバーにも何をすると褒められるのかを明確に示す	・プロジェクトの目標達成を阻害する要因に対し改善を目的とした指導観点で叱る ・阻害している点を具体的に伝え改善を促す ・人格を否定しない
シチュエーション	・チームメンバーの前など外部の目があるシチュエーション（会議／朝礼等）	・外部の目が気にならないシチュエーションで1対1（会議室等）

●プロジェクトの目標達成に寄与すること、阻害することなど、「コト」に対して褒めたり叱ったりすること。

●褒める時と叱る時は、適切なシチュエーションで行うこと

をメンバーに認識してもらえます。もちろん、我々は人ですから、一度叱っただけでは改善されないこともあります。その場合は根気強く説得するつもりで改善を促していきましょう。

勘の良い方はお気づきかもしれませんが、**プロジェクトにおいて「叱る」という行為は、プロジェクトの目標達成を阻害する要因の改善を目的とした「指導」という側面が大きいのです。**

リーダーは「プロジェクトの目標達成」という軸を持ち、「褒める」「叱る」を適切なタイミングで行ってください。

POINT

目標達成のために、メンバーを褒める、叱るもリーダーの大切な仕事。適切な声がけは、メンバーのモチベーションアップにつながる。

おわりに

ここまでお読みいただき、ありがとうございます。

ぜひ、この本から皆様が学んだこと、感じたことを実践していただければ幸いです。実践することで、本書でお伝えしたことが体感でき、さらに理解が深まります。明日から何かひとつでも始めてみてください。それが皆さんの成長と成功の第一歩になります。

最初から完璧なリーダーなどいません。皆様が憧れているリーダーも、最初は皆様と同じくリーダーシップに悩んでいたのです。しかし、素晴らしいリーダーになるという志を持ち続け、ひとつずつ成功と失敗を経験し、学びながら一歩ずつ着実に実践していったからこそ素晴らしいリーダーになっているのです。

そして、皆様はそれぞれ「ＯＮＬＹ　ＯＮＥ」の存在です。それぞれが自分しかできないリーダーシップを発揮できるのです。ぜひこの機会に自分自身と向き合い、自分だけのリーダーシップを見つけてください。

本書を通じて、皆様のさらなるご活躍と成長、そして成功を実現していただければ、著者としてこれほど嬉しいことはありません。

最後に、この場をお借りし、本書の出版に際し多大なるご支援とご教示をいただいた中尾淳様（日本実業出版社）、上田里恵様、小松崎毅様に心から御礼申し上げます。また、本書出版のために様々な調整をしてくれた日本プロジェクトソリューションズ株式会社、一般社団法人日本ＰＭＯ協会の仲間の皆に心から感謝いたします。ありがとうございました。

伊藤　大輔

２０１９年６月

伊藤大輔（いとう だいすけ）
日本プロジェクトソリューションズ株式会社　代表取締役社長。慶応義塾大学経済学部卒業。大手マーケティングCRM会社に入社しグローバルプロジェクトを含む多数のプロジェクトを担当。在職中、青山学院大学大学院国際マネジメント研究科に通い、首席で卒業（総代）。大学院を卒業後退社し、日本プロジェクトソリューションズ株式会社を起業して、代表取締役社長に就任、現在に至る。青山学院大学大学院（MBAコース）「プロジェクトマネジメント」で講師、国立大学法人群馬大学で非常勤講師を務める。一般社団法人日本PMO協会代表理事。PMP（米国PMI認定Project Management Professional）有資格者、CSM（認定スクラムマスター）有資格者、MBA（経営管理修士）。
日本プロジェクトソリューションズ株式会社は、プロジェクトの専門会社として教育研修事業、プロジェクト実行支援事業、プロジェクトツール・教材開発事業を行っている。教育研修事業において、5,500名以上のプロジェクトマネジャーを育成、教育した実績がある。現在、大手企業、中小企業、教育機関、NPO法人等を含め約200社以上と取引実績がある。

誰《だれ》でもチームをゴールに導《みちび》ける！
プロジェクトリーダー　実践教本《じっせんきょうほん》

2019年 7 月20日　初版発行

著　者　伊藤大輔
発行者　杉本淳一

発行所　株式会社日本実業出版社　東京都新宿区市谷本村町3-29 〒162-0845
大阪市北区西天満６－８－１ 〒530-0047
編集部 ☎03-3268-5651
営業部 ☎03-3268-5161　振　替　00170-1-25349
https://www.njg.co.jp/

印 刷／堀内印刷　製 本／若林製本

この本の内容についてのお問合せは、書面かFAX（03-3268-0832）にてお願い致します。
落丁・乱丁本は、送料小社負担にて、お取り替え致します。

ISBN 978-4-534-05709-9 Printed in JAPAN